停摆60秒

60 Second Time Out
重启人生的实用智慧

[美]迈克·格林（Mike Greene）著　金宗墨 译

中国商业出版社

纪念
玛丽莲·乔伊·格林
（1933年5月1日–2013年5月10日）

本书献给
我妻子艾米，她总是鼓舞和激励我；
我们的三个很棒的孩子：
布丽塔妮、麦蒂和米歇尔

感谢所有使这本书得以面世的人，你们真了不起。

首先感谢我的妻子，她是我最重要的人，永远鼓励我，给予我无条件的爱；她关心我的写作，愿意长时间聆听我的想法，还耐心地帮我做一些编辑工作；她身上汇集了这本书所谈到的所有的美好品质。

感谢我的兄弟杰夫，贡献他的创意，无私地帮助我，在本书英文版的装帧和编辑上付出了许多努力。

还有我长久以来的导师，也是我亲爱的朋友布雷特·戴姆勒。本书中许多的人生智慧，是受到了他非凡的人格和无尽的友谊的启发；从他的经历、榜样和奉献精神里，我和我的家庭才能学到这些美妙的东西。

最后，感谢我的父母，因为他们用自己的生活展示了什么叫做忠诚、正直、相爱。

译者序

如果你需要学点东西,却又忙到没时间学,恭喜你,这本书就是为你写的。它希望你使用最少的时间,带来最多的好处。它只要你"停摆60秒",却可能为你建立起来一生的良好发展势头。为什么只需要"停摆60秒"呢?这要从这本书的英文原名 60 second time out 来说起。一旦你懂了这个名字,你就知道该怎么读这本书;更重要的是,你将明白怎样从这本书里得到实际的好处。

Time out 是指美式体育比赛中的"暂停"。美国 NBA 篮球比赛有3种暂停,时长从短到长,分别是20秒、60秒和100秒。本书使用的是中间那个"60秒暂停"。在 NBA 篮球比赛里,某队的教练有权在中途叫停比赛,然后可以在有限的时间里,给自己的球员们部署这一回合的进攻(或防守)战术。如果你常看 NBA,你肯定熟知这个;但如果你不常看,你或许不知道,很多教练在暂停中的讲话简直是经典语录。由于"叫暂停"的时间都十分短暂，教练说话的时候，必须言简意赅，分析精准，有时还需要十足的人情味，让球员们信心百倍、斗志昂扬，才能产生充足的战术效果。

这，就是本书的灵感来源。只不过球场换成了职场，教练换成了作者，球员换成了你。书内的每篇文章，都是作者在对你进行即时的点拨。当你在工作间隙翻阅这本书（那也许是在地铁上、公交里、午餐席间、下班路上），你就立刻进入了它为你打造的"暂停时间"。它会迅速地给你展开讲解，帮你分析职业形势，阐述发展的战略，传授相关的技巧，指明可能的误区，强调应该注意的要点。书里的每一篇文章，都像教练们在暂停中的指导一样，短小而明了。只要你的领悟力不差，60秒读完绝非夸张。

全书分为52篇，对应全年52周。作者的意思是，希望你每周读一篇，让它每周都能为你出谋划策，使你的一整年都有清楚而明智的职场发展大计。教练叫暂停的目的，是帮助球员取得下一分，以便最终赢得整场比赛；作者让你暂时停摆的目的，则是为了帮你在一周之内找出清晰的发展路数，最终取得全年的良好势头。

或许你会有疑惑：教练了解球员，所以他能给出有针对性的安排，这位作者与我素未谋面，他能给我什么有针对性的建议呢？从某些角度讲，这是图书这种产品必然会有的缺憾。作者迈克·格林在书里也提到过这个问题。他说书再好，终究是死的，一本睿智的书，肯定比不上一个睿智的人对我们的帮助更加直接。但他同时也说，睿智的人能帮到我们，并不是因为他们熟悉我们，而是因为他们熟悉职场。好的篮球教练之所以厉害，不是因为他们是球员的知己，而是因为他们是篮球的知己。除非你从来不工作，否则这位职场知己给你的建议，不会是无的放矢。

一句话：拥有这本书，就好像给自己请了一位专业的私人教练。他哪儿也不去，会无比耐心地将你需要的东西教给你，而且还不会嫌你笨，嫌你烦。这听上去简直是世界上最好的教练。

最后提醒你，教练的部署再棒，上场打球的还是你。上了场，就要照着指示做出来，否则一切都是白费。作者说了："这些纸面上的东西要靠我们的参与，才能开始生效。"

目　录

第 1 课　　我最成功的一笔买卖 / 1
第 2 课　　顺境评估表 / 5
第 3 课　　别变笨了 / 9
第 4 课　　有目的的"优化时间" /13
第 5 课　　过程就是目的 /17
第 6 课　　奔跑的猎犬不理身上的虱子 / 21
第 7 课　　小人儿 / 25
第 8 课　　"1993 年的树枝事件" / 29
第 9 课　　成为高能量的人 / 33
第 10 课　伤到何时才改变？ /35
第 11 课　良好的发展 / 39
第 12 课　记得磨斧子 / 43
第 13 课　话语的力量 / 47
第 14 课　开始想吧 / 49
第 15 课　行动是恐惧的克星 / 53
第 16 课　能力是一种认知 / 57
第 17 课　猪不知道自己很臭 / 59
第 18 课　你的世界是什么颜色？ / 63

第 19 课　拿铁法则 / 67

第 20 课　本相 / 71

第 21 课　成功是取得一种平衡 / 75

第 22 课　愿望与决定 / 77

第 23 课　立界线 / 79

第 24 课　优先考虑"大石头" / 83

第 25 课　加宽"鱼缸" / 87

第 26 课　质量和数量 / 91

第 27 课　尊重人们的潜力 / 95

第 28 课　说什么是什么 / 97

第 29 课　根本没用 / 99

第 30 课　走出安乐窝 / 101

第 31 课　三只青蛙和一个决定 / 103

第 32 课　别把兴趣排第一 / 107

第 33 课　文化是一套行为习惯 / 109

第 34 课　计算很重要 / 111

第 35 课　你的口碑够好吗？/ 115

第 36 课　第二次会面 / 119

第 37 课　什么是销售 / 123

第 38 课　三件事 / 127

第 39 课　　了结未了之事 / 131

第 40 课　　瞎忙活 / 135

第 41 课　　有系统的工作 / 137

第 42 课　　停机是为了更好地运转 / 139

第 43 课　　把事实搞明白 / 143

第 44 课　　主要的事 / 145

第 45 课　　可持续的节奏 / 147

第 46 课　　吃掉那只青蛙 / 149

第 47 课　　不要无处不在 / 153

第 48 课　　新东西与好东西 / 157

第 49 课　　越听越聪明 / 161

第 50 课　　先诊断，后开药 / 165

第 51 课　　做生意与经营生意 / 167

第 52 课　　正确的用词 / 171

第 1 课 我最成功的一笔买卖

> 其实大多数人需要的，
> 不是被教育，而是被提醒。
> ——C.S. 路易斯[①]

1990 年，我做成了人生中最成功的一笔买卖。它只花了我两年时间，但它带来的好处直到今天还在持续。

这个要从我最初进入销售服务行业的时候讲起。那时一切对我来说都很新鲜。我对这个行业懂得很少，至少没有懂得这样一个浅显的道理：其实我是懂销售的。因为你只要认真一想，就会发现大多数人的一生中都在

[①] 英国作家，牛津大学教授，著有《返璞归真》《纳尼亚传奇》等，被誉为"最伟大的牛津人"——译注（本书所有页下注皆为译注，此后不再说明）。

"推销"东西。他们通常还都做得很棒,因为他们有热情……直到有一天,他们开始意识到自己是在"推销",他们对销售的热情就失去了,行动也开始变得机械。我很庆幸这种变化从未发生在我身上,尤其是在我做人生中最成功的那笔买卖的时候。这是我学到的一个宝贵的知识,值得常常温习。

这个道理就好像,你打高尔夫球时一心琢磨着如何挥杆,打网球时一心琢磨着如何挥拍,或是在其他运动中一心琢磨着某个动作环节——你越是满脑子想着它,你搞砸的可能性反而越大。但如果你热爱那项运动,对它充满激情,用心地投入,自然地去做,沉浸于其中,那么你的渴望和动力会自动指导你去完成那个技术动作。

话题回到我最成功的那笔买卖。刚入行时,我不太自信,对"卖东西"也感到很紧张。我常会拿他人跟自己比较,然后心里想:"天啊,我怎么可能取得这些人取得的业绩?我的技巧、能力、专长都很欠缺,我所有销售的本事都跟他们相差太远。"直到有一次,我多年来的一位良师益友(也是我的哥们儿)对我说:"迈克,当你回到家,看见你太太的时候,你要意识到一件事:她才是你人生中最成功的那一笔买卖。好好在这件事上汲取自信吧。"他可不是在讲那种老套的封建婚姻观，好像我太太是被我骗到手似的。恰恰相反，他讲的是销售学上的一个洞见：好的销售建基于好的关系，依赖的是彼此信任和相互照顾。

细想一下吧，如果不是因为心里先有了信赖和喜欢（有时还有关心），人们怎么会和其他人做交易？这和建立一段关系几乎是一回事，不是吗？一笔好买卖不是一夜之间做成的。它像是一场婚姻，要经历一个过程。要开始一场婚姻，你只能找一位客户（我想再次澄清一下：我太太不是我的客户，我刚才只是打比方，谢谢大家）；但在销售活动里，要取得不凡的业绩，你必须和许多客户都建立起一段良好的关系。它应该是一段长期的、深度的、持久的、建立于信任和关怀之上的关系。

我回看自己的职业人生时，发现我的婚姻就是我人生中最成功的一笔买卖。在这笔买卖上，我不是做个一次性投资，然后就此坐等回报；相反，我每天都在细心地经营（幸运的是，我太太也是如此）。她毫无疑问是我人生中最漂亮的那一笔销售业绩，也是我奔波于这个行业之中最大的信心来源。

第2课　顺境评估表

> 知之者不如好之者，好之者不如乐之者。
>
> ——孔子

你最成功的经验是什么？当你某一年过得一帆风顺的时候，你有没有总结过原因？

有一次，我听到《起来做事》的作者肖恩·斯蒂文森的一次访谈对话。在其中，他谈到了一个让我双手赞成的理念，叫做"顺境评估表"（When Life Works List）。他主张建立一个顺境评估表，就是当你某个阶段过得一帆风顺时，去总结一下原因，看看是不是你做了什么，或是保持了什么习惯，使得你如此顺利。在那些时段里，我们的工作非常容易取得成效，我们对自己的表现常常满意，心情也总是很愉悦。不用说，制订个人计划或团队策略，这个表都会是一个很好的工具。

秋天是我最爱的季节。我喜欢凉爽的天气和泛黄的树叶，还可以展望干净、洁白的雪天到来（第一场雪永远是最棒的！）。

秋天同时也是我做个人规划和职业规划的时节。那时我会把生活节奏放慢，花上一两天去回想和沉思，然后着手制订来年的计划。这一年中我最成功的部分是什么？我是怎么成功的？是什么因素帮助我取得了这些好成绩？来年里，我希望生活或职业上达成什么？这些问题往往会涉及我的人生方向，包括我这一生里最在乎的那些部分。我会给每个部分设立目标。有些目标会很实际，有些则不一定，但我不会现在就为实现它而焦虑。因为我明白，重要的是我已经将这几件事推上了轨道。

一份完整的个人总结能得出有效的结论，一份经过适当评估的商业计划（或销售计划）也是如此。我的原则是：确定自己每一年都比上一年有进步——尤其是在我生命中那几个关键的部分上。要想确认自己有进步，需要有量化的比较；而要有量化的比较，就必须先去规划。规划是所有策略的开始。

如果你还没有给来年做计划，我劝你专注地去做一个。无论是工作上的、生意上的、家庭里的、教会里的、个人生活的，想要取得成绩，你都需要做这个。一份优秀的、可执行的、可量化的、可调节的计划将会带来极大的收益。

好好想想吧。当你感到不爽、当你在乎的那些事情一没进展、二没头绪的时候，有没有一份"地图"能给你指示出方向？

赶紧去做一个吧！

第 3 课 别变笨了

沟通中会出现的最大障碍，
是我们以为自己是在沟通。

——萧伯纳①

你说过让自己后悔的话吗？你有没有被自己的话连累过？

它或许发生在你家里：你又一次回家晚了，心知肚明家里等着你的肯定不是鲜花。刚一跨进家门，一股张力扑面而来；你的血压开始上升，心跳开始加速，脸也开始涨红。你忍不住使用熟悉的节奏，跟对方来了一通针锋相对。等到事情告一段落，家里重归寂静，一堆本

---

① 爱尔兰剧作家，凭借《圣女贞德》获得 1925 年的诺贝尔文学奖。

来不想说出口的气话却飞了出口，让你的感觉变得更糟了。在这场躲不开的对抗中，你忙着为自己辩护，一心想驳倒对手，只是忘了一件事：你们俩不是敌人，而是家人。

类似的情况也可能发生在公司里：你工作状态不够好，不小心出了差错，一位百般不爽的客户一个电话打到你手机上。接下来是怎样一番对话？你有没有讲出什么不该说的话？其实和上面的情况一样，你们两个也是一根绳上的蚂蚱。为什么一心自卫呢？为什么下意识地把对方当敌人呢？为什么不明智地把这场对话变成一次维护共同利益的努力呢？

不管是面对家人、客户、同事、陌生人，当事态升温、我们的情绪容易冲动的那个时刻，我们似乎变笨了。在那个时刻，我们的智商仿佛都下降了，不是吗？要知道，有些人可以完美地应对这类情形。他们或者天生就会，或者后来学会。相比之下，我们中间的大多数人，常常在整个过程中都是糊里糊涂的，等到回过神儿想挽回局面时，才发现已经太迟。

事实上，在谈话过程中遇到意见冲突和情绪冲动的状况时，我们真的会变笨的，至少我们的脑子在当时会变得不够用。我读过的一本书叫做《关键对话》，它里面的研究清楚地显示，我们的身体在那些紧急时刻会产生一些生理上的变化。[①]

"打不过就逃"，你听过吧？那是我们的身体遇到潜在危险时的自然反应。即使我们遇到的不是环境上的危险，身体的反应却仍是一样的：我们体内的血液和氧气会涌向四肢的肌肉，让我们可以随时决定是打还是逃。这个事情的麻烦在于，我们身体中最重要的部分——大脑——在整个过程中处于缺乏供氧的状态。你没听错，在那一刻我们统统变得"四肢发达，头脑简单"了。你知道大脑既缺血又缺氧的时候，会产生什么变化吗？就是变笨！这是真的，会发生在我们所有人身上。

如何克服这个弱点呢？谨言慎行肯定是需要的。这篇小短文没法讲得太多，我现在能给出的，是从《关键对话》这本书里得到的两个点子：第一，保持相互间的尊重。若不是双向的尊重，是难以持久的，但攻击对方无疑有悖尊重；第二，要想着共同的目标。别满脑子都是自我防卫和攻击对方，去讨论那些真正值得讨论的话题吧。在冲突发生时，你脑子里应该想着的，是你们共

---

① 有兴趣的读者可以参阅：科里·帕特森等著，《关键对话》，毕崇毅译，机械工业出版社，2012年。

有的目标和利益。它比你如何熬过那场难堪的冲突重要多了。

记住,要始终重视你们的关系,而非自己某一刻的尴尬处境。只有这样,你们才会共渡难关。

第4课 有目的的"优化时间"

> 决定我们是谁的,
> 不是我们的能力,而是我们的选择。
> ——J.K. 罗琳[①]

想要获得成功,有一个关键的技巧。它听上去简单,却威力无穷,那就是"优化时间"。它的意思是,人应该把时间花在优先的事情上,并且把这一点变成一种习惯,长期坚持下去。优先的事,未必是着急的事,但一定是重要的事。因为它对你人生的发展肯定有着重大的意义。"优化时间"的本质在于,让自己有时间和自己相处。理论上,它主张把时间用在对我们的个人发展影

[①] 英国女作家,著有《哈利·波特》系列,2004年被《福布斯》杂志评为史上第一位凭写作成为亿万富翁的人。

响最大的事务上，包括工作事务和生活事务。

· **个人时间的优化**

如果你总是处在一种内耗的状态，你的工作效率就不会高。用一些时间给自己"充电"，可以帮助你重新振奋起来。优化你的时间吧，去锻炼、思考、放松或消遣，记得也去陪一陪家人和朋友。在重启忙碌的生活前，给自己拟定好定期的休假计划。认真享受这些时间，像你认真工作的劲头一样。

· **工作时间的优化**

要不要试试在每天的工作时间里，找出两个小时，让自己不受干扰地去做最重要的事情？这段时间可以用于制订计划、推动项目、联络销售，也可以用于做市场调研、考察人力资源、建立关系网络，还可以用于工作技能上的学习。你只需要用两个小时，也只关注真正重要的事务。只是在这段时间里，你一定要处在专注、不受打扰的状态中，别处在旅行中、会议中、打电话中、处理邮件中，以及任何会让你分神的情境里。

如果你是销售员或老板，为达成最理想的效益，你可以把工作中最重要的环节放在"优化时间"里。比如说，我在从事印刷服务业的时候就清楚地知道，面对面的交往是发展重要客户的要诀。但我一直忽略了一个重要的环节，一个能够促成面对面交往的环节——打电话跟对方约时间！其实，打电话是我最不喜欢的销售方式，但我知道只有去打这些电话才能促成那些约会，然后我才能收到回报（我也确实收到了回报）。于是，我把打电话放在了"优化时间"里——每天早上八点半左右，是我专门用来打电话的时间。我把这段时间里的通话，看得和面对面的交流一样重要。这意味着：在这段时间里我不见其他人，不打其他电话，不去查邮件，不去做任何可能干扰我打电话的事情。

总的来说，销售从业者要先搞清楚：你今年最想达成什么目标？想在哪些方面取得成功？先确定你的优先事务，然后把这些优先事务——无论是准备去做的，还是一直在做的——都放在你的"优化时间"里。

优化你的时间，成功就会实现。

第 5 课　过程就是目的

未来会怎样，取决于我们现在做什么。

——圣雄甘地[①]

记得有一年的十月，一场大雪早早到来。我的孩子们兴奋地冲了出去，家里那只黄毛的拉布拉多犬也冲了出去（它觉得自己也是家里的一个孩子）。妻子说我俩也该出去，和他们一起行动。于是，我们快快地披上几件冬衣，来到了我家附近的高尔夫球场。那里的草坪上已满是白雪，我们就看着孩子们在漫天飘落的雪花里赛跑。这时候，我的小儿子米歇尔建议，全家人一起动手，建一个滑雪坡道，然后一起玩滑雪橇。为此我们花了一

---

① 印度政治领袖，"非暴力不合作"运动创始人，被尊称为"印度国父"。

个小时，用软软的雪在一个斜面上铺成了一个大大的滑道，又好玩又安全。然而，等滑道建好后，我们都累坏了，而且感觉越来越冷。只草草地滑了几趟之后，我们就回家了。

事情总是这样，不是吗？为了达到目的，我们将大量的时间投入到过程中；到头来发现，过程本身成了目的。我们家在建滑道时得到的乐趣，远超过了我们真的去玩它。这点挺有意思的，我们全家去度假时，在开车途中所获得的享受不少于真的度假。把这个道理应用到销售中，我学到的是：在得到报酬之前，要主动享受那个过程，即便是在十分艰难的时候。事实上，使我得到最快速成长的，就是过程。而且我也决定了，既然我无可选择地会把时间和精力投入到打电话、约人、构思创意、提供方案这些事务上，那么我就要主动享受这个过程，也享受与它们相关的一切。我越是享受这个过程，我就越容易成功。

生活太宝贵，不是只有取得回报的时候值得享受，过程本身也值得享受。不论我们在追逐什么，我们都该有意识地去体验过程，充分地去享受每一天、每一小时、每一分钟。我的一位导师就时常提醒我"要享受过程"。他说的太对了。

海伦·凯勒说过一句话："生命即使重来一千次，也不会让我们感到无聊"。你觉得呢？

第6课　奔跑的猎犬不理身上的虱子

你越认真努力,你就越不会轻言放弃。

——文斯·隆巴迪[①]

有一个故事,讲的是两个小男孩在打赌。他们想从积雪覆盖的田野的一头跑到另一头,然后看谁的足迹能在雪地里留下一条直线。两个人商定了先后,第一个小男孩就动身了。他在跑的过程中时不时地回头,检查自己留下的足迹够不够直。到终点后他回头一看,发现他的足迹弯弯曲曲的,一点也不直。这时轮到了第二个小男孩。他起步前,挑了田野对面的一个景物作为目标,

---

① 美国橄榄球传奇教练,率领绿湾包装工队(Green Bay Packers)于20世纪70年代横扫全美,五次夺得全国冠军。橄榄球总决赛奖杯(超级碗)因此被命名为"文斯·隆巴迪杯"。

看准之后开始朝着它跑。跑的过程中，他的眼睛始终盯在那个目标上，直到到达为止。你知道是谁赢了——第二个小男孩留下了一道笔直的足迹。

也许你从办公室起身，准备去做一件重要的事，但走在路上，不知怎么就分了心——电话、电邮、孩子、同事、杂志、报纸、电视，连路上的一只虫子都有可能让你分心，对吗？终于，在注意力被转移过无数次后，你回到了办公桌前，这时你突然发现：自己本来要做的事还没做！

你找到你的目标了吗？面对什么事、什么人的时候，你需要做到专心致志呢？

- 陪配偶共进晚餐
- 跟客户开会
- 同员工进行重要谈话
- 和儿女一起玩游戏
- 阅读思考

有时候，我们需要坚持不看手机、不回短信、不查邮件，甚至关起门来，让别人知道我们现在不想被打扰；有时候，我们需要立场坚定，关掉电视，合上报纸，控制住自己无绪的思维。

把你的注意力放在当下那些重要事务上吧，不管它们是计划内的还是计划外的。这样一来，分神的事情会变少，它们的吸引力会降低，我们从中受到的负面影响力也会越来越小。除了你要做的那件事，其他什么也别想，全神贯注地去做，就像圣经上说的："向着标竿直跑……"①

专注于要紧的事和要紧的人。记住，奔跑的猎犬不理身上的虱子！

---

① 新约圣经《腓立比书》3 章 14 节。

第 7 课 小人儿

> 你过得快乐或不快乐,不取决于你是什么,不取决于你有什么,也不取决于你在做什么,更不取决于你人在哪儿。它只取决于你脑子里在想什么。
>
> ——戴尔·卡耐基[①]

一段时间之前,我路过我的办公桌,看到笔记本电脑的屏幕上显示的是许多三维管道在不断地延伸和重组。那是我的屏幕保护程序的画面。每当电脑无人使用的时候,它就自动启动,开始行使职责。当然了,等我坐下一碰鼠标,它就"啪嗒"跳回到正常的界面上,随

[①] 美国演讲家、作家,其著作《沟通的艺术》全球销量达到 1500 万。

时准备让我使用。

这不正像是我们大脑工作的方式吗？我们的大脑永远在运转。想事情的时候它在运转，我们没有主动去想事情的时候，它其实也在运转——在"屏保状态"下运转。不过，有点吓人的地方也在这里：当我们没有想事情的时候，大脑在自动想什么呢？

其实，我相信这是每个人发展的关键。大脑在"屏保状态"下所想的东西，往往就是我们真正想要的东西。所以，我们需要弄清楚，在"屏保状态"下我们的大脑在想什么？它正在想我们想要的东西吗？它在想我们缺乏的东西吗？它在想我们害怕的东西吗？或者，它在回想我们和配偶之间的矛盾吗？它在回顾上一次的冲突，并且计划下一次的争吵吗？又或者，它在琢磨着如何改变销售的惨淡业绩，如何赚到更多的钱，如何炼出美好的身型，如何兑现自己的承诺吗？记住，即使不动脑子的时候，我们的大脑也一天到晚都在动。

多年前，我和妻子教育孩子们，教他们如何保护自己。我指的是教他们如何去看和如何去听。今天我们谈的是如何去想。它不是给小孩子的，而是给所有在乎自己未来发展的人。那就是：我们需要保护自己的头脑，有意地引导自己的所思所想，尤其是"屏保状态"下的思想，包括过滤那些对我们无益的内容。要知道，我们的生活环境时时刻刻都在影响我们的头脑，也影响它在"屏保状态"下的所思所想。我们若不加以控制，它们就会控制我们，就像一些商铺里的背景音乐，入侵我们的大脑，在其中自动播放一整天。

20世纪50年代，厄尔·南丁格尔出版了一张经典的广播专辑，叫做《最奇妙的秘密》[①]。他在里面讲到，地球好像一架巨大的机器，体型巨大，能量巨大，影响力也巨大，却被生活在其上的一群小人儿（人类）所左右。地球不在乎，因为它只懂得听指示。今年你可以试试，主动去和你脑子里的那群小人儿合作，开动你的"屏保"去为你服务。

[①] 厄尔·南丁格尔是美国著名广播员，擅长励志演讲。"最奇妙的秘密"是他最成功一次演讲的题目。该演讲于1956年被录制成演说唱片，销量迅速过百万，并创造了第一个用演说唱片获得"金唱片奖"的历史。国内出版了该唱片的中文同名图书，请见：厄尔·南丁格尔著，《最奇妙的秘密》，王红、夏炜译，中国经济出版社，2010年。

第 8 课 "1993 年的树枝事件"

输家关注的是自己会遇到的事，
赢家关注的是自己要做到的事。

——约翰·马克斯韦尔[①]

专家蚂蚁："我们准备绕过这片叶子！"

工人蚂蚁："绕过这片叶子？我觉得这不可能！"

专家蚂蚁："胡说八道，这个比起'1993 年的树枝事件'简直不值一提。"

你熟悉这经典的一幕吗？这是世界上最伟大的老师之一——皮克斯工作室的动画电影《虫虫危机》里的一幕。这个片段在电影的 2 分钟 44 秒：蚂蚁们排成一行，

[①] 美国演说家，领导学权威，多次受邀来国内讲学，著有一系列领导学书籍。

正搬着食物行进,突然天上掉下来一片叶子,正好把他们行进的路线完全遮住,让他们不知所措,于是产生了上面那段对话。这一幕很大程度上是在描写当今的社会:许多人常常会被一些小小的挑战弄得手足无措。

我相信这个电影的编剧想要讲的一个道理:树叶永远都在掉,既无计划也无征兆,一直盯着树叶看,对我们的生活无济于事。我们应有正确的心态,要专注于如何解决树叶的难题——绕过去,越过去,从底下钻过去,甚至从中间穿过去。遗憾的是,大多数人在问题面前,都喜欢当"问题观察员",而不是"问题解决者"。

多年来,我们夫妻一直努力把这个想法种在孩子的心里。每当他们遇到一个挑战,我们就会直接教他们说:"绕过这片叶子。"有时我们会借用一个朋友充满智慧的一句话,告诉孩子说:"问题是用来解决的,而不是用来过日子的。"(这句话所显示的智慧和态度太让人喜欢了!)

是什么挡住了你的去路?什么样的小意外一下子打乱了你今天精心安排的计划?车在路上爆胎了?期望的好事没发生?有一份大订单没戏了?今早睡过头误事了?打篮球的时候崴脚了?这世上有许多的人,不仅仅能克服巨大的难题，还从中锻炼出丰富的处理难题的本事。你去谷歌上随意一搜，到处可以学到了不起的经验。

所以，最根本的问题其实是：你打算当一个问题观察员，还是问题解决者？

第9课 成为高能量的人

我们人生的价值,体现在为他人制造价值——既为当代的人,也为后代的人。

——巴克敏斯特·富勒[1]

你有没有遇到过这样一类人,他们一进门就能吸引所有人的注意力?他们不一定做了什么惊人的或特别的举动,但是你和你身边的人就是会本能地感觉到:这个人不简单。尽管我们中的多数人想都不敢想,但是今天我要说的是,我们都是不同寻常的人。这不是鼓励人变得骄傲自大,而是在建议我们应当培养对自己的信心。

---

[1] 美国建筑师、作家、发明家、设计师。

有些人从上到下都散发着自信。想到这一类人，我脑中能立刻浮现出几个名字来。他们最显著的共同点是有着过人的能量与气质。他们活力十足，目标坚定，方向清晰。大卫·施瓦兹在《勇于思考的魔力》中提到一种增进自信心的方法，就是在走路时有意识地把行进的速度加快四分之一。因为那能暗示我们：我们知道自己的方向，并且对前面的道路又自信又兴奋[①]（你不相信？如果我们总是比别人更早、更快地达到目的地，为什么我们不会因此变得更加自信和果断呢？）。建立一套健康的饮食习惯、作息习惯或健身习惯，能够给我们的身体增加能量。同样，我们也能增加良好的内在能量（气质），就是通过有意识地选择自己的人生方向——不是一味追求有成绩的人生，而是有价值的人生。

下次你参与什么社交活动的时候，比如公司活动或娱乐活动，请看看你周围有没有那种气质独特的人。抓住机会，上前介绍你自己，通过和他们交谈你能学到许多东西，可能连你自己都会感到惊讶。或许下一次你参与类似活动的时候，你就是那一个令人感到独特的人。

---

① 有兴趣的读者可以参阅：大卫·施瓦兹著，《勇于思考的魔力》，杨阳、赵朋译，北京工业大学出版社，2003年。

第10课　伤到何时才改变？

> 最伟大的胜利，乃是战胜自己。
>
> ——亚里士多德[①]

我在多年之前听到一个故事：

一个男人走进一家老旧的杂货店，想要买点东西。正逛的时候，他忽然听到一阵"呜呜"的低吼声。走到商店的前台，他发现前台旁边卧着一只老狗，是它在发出叫声。于是，男人问店主人这只狗怎么了，店主人说："噢，这是老雷，它喜欢这个角落，卧在这儿好些年了。这阵子有一只蜗牛慢腾腾地经过它的地盘。老雷感到很受伤，隔三差五就要吼蜗牛几声。"然后，男人问了一

[①] 古代西方哲学家、科学家、教育家，希腊思想集大成者。

个大家都想问的问题:"它既然这么受伤,干吗不换个角落待着?"店主人悠闲地给了一个答案,可能我们很多人都知道了:"它确实挺受伤的,但还没有伤到要改变自己的地步。"

我们像老雷吗?有多少时候,我们想要做出改变,也需要做出改变,却没有改变,似乎伤得还不够?更糟糕的状况是:当我们真的伤到要去改变时,会不会已经太迟了?我的一个哥们儿过去常说:"在什么地方扎根,就在什么地方开花。"我们若在自愿扎根的地方受了伤,要么在那里开花,要么就做出改变。

我们怎么才能改变?有一个办法。去设想一下:如果你不做改变,未来会是什么样?如果你是做销售的,却不怎么打电话,不难设想,你的渠道会慢慢枯竭(你的银行账户也是);如果你是做老板的,却不怎么经营你的生意,不难设想,你会发现自己每况愈下;如果你是做丈夫的,却不怎么去陪伴你的太太和孩子,不难设想,你会错失很多重要的东西,并给下一代树立一个糟糕的榜样。这些生动的画面能让我们明白:改变自己的痛苦,远远低于停留在原地所带来的痛苦。

另一个办法是,找到一个你需要对之负责的人,让对方督促你改变。这个人最好是你尊重和信赖的，同时还要有时间配合你，直到完成这个艰难的任务。把你想要做出的改变告诉他们，和他们商量，制订一套督责自己的方法。我有时会和我的孩子建立这种督责关系——你是他的榜样，是教育他该怎么生活的人。对着他，你总不能老是推脱和逃避吧？

告诉你，督责式的方法特别有效。甚至有时候，那个督责的人能帮你发现你生命里还未发现的那只蜗牛。

第 11 课　良好的发展

> 想看出一个人的领导能力如何，就看他在每一天中如何领导自己。
>
> ——汤姆·沃森①

世界会一直发展，人却不一定——这个道理，我不讲你也懂。正因为这样，你更不应该成为世界发展的牺牲品，而应该成为你自身发展的获益者。

看看你目前在职业层面或个人层面所取得的发展，如果时光倒回一年前，你会预料到自己现在的景况吗？现代社会里，我们能获取的知识太多。图书、报刊、网络，到处都能找到我们的发展所需要的知识。但问题是：

---

① 美国高尔夫球名将，八次大满贯得主，1988 年进入高尔夫名人堂。

即便能接触到如此大量的知识，为什么很多人的发展还停留在一年前的水平，或者更糟——还不如一年前？原因可能有多个，我要指出的是非常关键的那一个：缺乏督促与指导。

作为一个做过专业销售的人，我鼓励老板们停止闷头做事，而是从大处着眼去经营你的生意。比如说，你认为一个成功的职业销售人员应该做什么来帮助自己成功，并且可以更加成功？好好想一想，把它们列成清单，跟自己的实际情况进行比较，然后可以逐项改进。另外，怎么样的一年算是成功的一年，你会设立怎样的奖励去鼓励自己？还有，你关键的工作指标是什么，要实现公司的发展计划，每年、每月、每周、每天要完成多少业绩？你需要完成多少市场活动，才能帮助你取得那个结果？你的平均销售额需要多少？你的销售成功比率需要达到多少？你最佳的客户群体是谁？你有没有制定过像样的年度销售计划，能够说服投资者投资在你身上？有什么好的经验可以借鉴，用来增加销售链的稳定性、精确性和成功几率？你有没有检视或评估过，什么样的做法行得通，什么样的做法行不通？

这个思路，也可以用来思考和评估一下个人的发展状况：你的家庭、婚姻、财物、健康、品质，这些方面比去年进步了吗?还有更进一步的成长空间吗?

这是一个推动职业发展和个人发展的主意。它们只是起步,但是可以把事情推往正确的方向。萧律柏①说过:"只要开始,就已经成功了一半。"

督促与指导跟咱们刚刚说的这些有什么关系?上面说了,我们所需用的知识都可以轻易地在书店和网络上找到。但仅仅获取知识是不够的,还需要把它应用出来。图书、杂志、CD、DVD、网站,它们的影响力很大,也很有用,但它们都不能成为一个好导师或好参谋。因为它们是死的,无法给出有针对性的建议,只有人能给出有针对性的建议——尤其是你信赖和敬重的人,他们能够跳出固有模式,去思考、分析和评估你的生意以及生活。

去找那些有才识、有决断并且关心你事业的人,和他们一起去努力。人多力量大,大家的智慧总强过一个人单打独斗。

---

① 美国牧师,因只手建立起壮观的水晶大教堂,从而成为当代美国人"梦想成真"的一个典范,著有《逆境不再,强者永在》。

第12课 记得磨斧子

> 有人认为激励的效果持久不了;没错,但洗澡的效果也持久不了——所以才要你每天都做。
> ——金克拉[①]

一个年轻人来到一个伐木营地,向工头讨要一份工作。

"那得看情况,"工头回答说,"让我看看你伐木的本事。"年轻人走上前来,三两下伐倒了一棵大树。工头觉得他很棒,就说:"周一来上班吧。"

于是,年轻人上了班。周一过去了,周二过去了,周三也过去了,年轻人干到了周四。下午的时候,工头

---
① 美国作家、销售大师、励志演讲大师,著有《金克拉赢家销售书》。

来找他说:"今天回家时记得领取你的报酬。"

年轻人吃了一惊,连忙问:"发薪水的日子不是周五吗?"

"薪水一般是周五发,"工头说,"但是你跟不上工作进度,今天我们要辞退你。你的工作考核显示,周一你还是第一名,然后就一路掉队,今天已经变成了最后一名。"

"可是我很努力啊,"年轻人抗议,"我每天第一个来,最后一个走,连午休时间都在工作!"

工头打量了一下年轻人,觉得他是个老实人,然后想了一下,问了年轻人一句话:"你磨过你的斧子吗?"

年轻人回答:"没有,先生,我一直忙着努力工作,没空干那个!"

你是怎么磨"斧子"的?可以好好想一想,看谁能够帮你磨利它。或许是你的老师、图书、CD、DVD,或许是你的配偶、家庭、祷告伙伴,或许甚至是出去锻炼一下身体。

你应该在什么时间"磨斧子"?又是什么方法能够使你的努力最有成效?自己想一想,去建立一套"磨斧子"的方法,尽可能地增加你工作的效果。

第13课　话语的力量

你嘴里不断重复什么，你的脑子就会想什么。
　　　　　　　　——克莱门特·斯通[①]

有一位导师告诉我，"做不到"常常等于"不去做"。听着奇怪吗？他是建议我，我应该用自己的言语去鼓励自己，而不是用它来打击自己。不论我们愿不愿意承认，言语本身是有意义、有力量的，我们要么用它赋予自己力量，要么用它限制自己的力量。你从前有没有说过"我做不到"？那也许是去某地、约某人、见某人、做某事等等。在你说"做不到"的时候，你是真的做不到吗？还是其实你能做到，只是选择了不去做？——可能当时

---

① 美国企业家，慈善家，"新思想运动"（New Thought Movement）之中的励志作家之一，著有《获取成功的精神因素》。

你有更重要的事情，也可能你只是消极地看待自己的能力。这些都会关系到一个人的诚实、抉择和责任心。

记得有一次，我儿子在四五岁大的时候，把雪橇丢在了家附近的小山脚下。我让他捡回来，他跟我说："我做不到。"一个教育他的机会来了。我开始教他，"做不到"的真实意思往往是"不去做"。结果他毫不迟疑地说："好吧，我就是'不去做'。"这一幕挺好笑的，但也让我给他多上了一堂课。

最重要的是，我们需要掌控自己的用语，了解其真实含义。否则，像"做不到"这一类的话，就会在潜意识里操控我们，让我们以为自己能力不济。当然，肯定会有一些时候，我们真的是"做不到"。但是，这种情况发生的频率，远远小于我们的想象。记住，我们在所处的环境中所做的选择，会决定我们人生的最终质量。

第14课 开始想吧

> 只要是头脑敢于想象和相信的,都可以成为真实的。想法即是事实。深深的、强烈的渴想是一切成就的起点。
>
> ——拿破仑·希尔[①]

如果我能让你想通这一篇文章的内容,我就已经成功了。亨利·福特说:"世界上最难的事情是'想事情',或许正因为如此,很少有人花时间去想事情。"约翰·马克斯韦尔写过一本书,书名就叫《快意人生思考法》。

[①] 美国成功学大师,著有《拿破仑·希尔成功全书》。

迈克尔·格伯①在他的畅销书《创业必经的那些事》里提到，很多生意人忙着做生意，却很少有人去思考如何经营他们的生意。这也是在谈论"想"。圣经中说："凡是真实的、可敬的、公义的、清洁的、可爱的、有美名的，若有什么德行，若有什么称赞，这些事你们都要思念。"②有许多东西会阻碍我们花时间去想事情，其中一个是"沉默"。一位良师益友告诉我，人们害怕沉默的气氛，所以总是设法用各种声音——音乐、广播、电视，甚至是噪音——来填满空旷的空间，包括自己空旷的大脑。我不是要讽刺谁，我想要表明的是：让自己慢下来，专门花些时间去思考，是一件非常值得去做的事。

也许你可以把想事情的时间，放在你已有的某些活动里；或者，先意识到思考的价值，慢慢再找到实施它的方法。承认吧，其实许多人的好点子都是在洗澡的时候冒出来的！还有一些人（比如我），发现锻炼身体的时间也很适合做些思考——当然了，是在不被分神的前提下。对于我自己来说，跑步是一天中最有益处的时间——不只是有锻炼身体的益处，还有精神上的益处。跑步时去想些事情，可以更容易找到一些清晰、专注又

---

① 迈克尔·格伯是美国职业培训师，Michael E. Gerber 培训公司的创始人。
② 新约圣经《腓立比书》4章8节。

有创意的点子。这样的头脑状态可不是一天的任何时候都有的。

有太多事是我们可以想的。想想这一天是怎么过的；想想自己珍视的东西；想想怎样去完成任务；想想怎样去服务客户；想想这个周末和家人怎么过；想想怎样推动公司、工作、教会、社区的发展；想想怎样成为一个更棒的人；想想什么是美好。或者，也可以偶尔专门花时间什么也不想，专注于去听，让自己在潜意识里放松下来，聆听上帝对祈祷的回应；聆听并享受身边大自然的声音。

去锻炼那一台最强大的创造机器，也就是我们的头脑。好好想想，活得丰富多彩一点！

第15课　行动是恐惧的克星

百分之九十的输家都是自己放弃，而非被人打败。
——保罗·梅耶[1]

"恐惧"来敲门，"信心"跑去开门，结果发现门前空无一人。

这句话形象地描绘了一个事实，即我们的头脑中不可能同时有两套想法在做主。当你行动起来，恐惧就被抑制住了。它或许还在，但它不能再做你的主人，因为你已进入了恐惧之外的状态，即行动的状态。

所以，为什么不行动起来呢？你怕什么呢？

---

[1] "成功激励"机构的创始人，著有《知道做到》。

怕别人的反应……

怕会失败……

怕负责任……

怕被拒绝……

怕挨批评，或被说三道四……

怕最终失望……

回想一下当初和妻子的第一次约会，或是你第一次参加面试，或是你第一次打销售电话，又或是你第一次公开演讲。有时候即使行动起来，我们仍会伴随有一些恐惧的感觉，但是它在减少。大部分的恐惧都只出现在行动之前。一旦你开始聊天，开始面试，开始接通销售电话，你的行动就会把恐惧给压制住。你越让自己保持行动，你感受到的恐惧就越少。

我自己心里的绝大部分恐惧，都出现在值得恐惧的事情发生之前——这是一种"准备去害怕"的病态心理。我记得丹尼斯·魏特利[①]说到过，人们常常在脑中重播自己过去失败的画面（同时增加自己的恐惧和焦虑），却很少在脑中播放自己成功的画面。恐惧会帮我们建立起自我怀疑的习惯，自我怀疑则会令我们的生活进入瘫痪状态。马克·吐温说："疑虑是我们大脑里的叛徒，它

---

① 美国管理学顾问，心理咨询专家，著有《应变》。

劝我们不要努力，让我们因此输掉本来可以赢得的好东西。"我们其实应该、也能够从实际的行动里收获良多，而不是被这些还没发生的事吓得四肢瘫软。

看来耐克的标语还是有一定道理的："只管去做！"（Just Do It）如果你想要做的事情符合道德准则，也对你的个人和职业有益处，而你碰巧又坚信"功夫不负有心人"（我喜欢这话），那就只管去做吧！

搞清楚你想要什么，以及你在怕什么。付诸行动去克服恐惧。可以找一个你尊重的人，帮你建立一个赏罚制度，以鼓励你采取行动。然后开始给自己培养一份能够克服恐惧的、健康的自信吧。

只要不违背道德，且能助你发展和成长，在你看重的一些事上，那就听耐克的——只管去做！

第16课　能力是一种认知

> 对我们影响最大的谎言，不是在我们背后，也不是在我们面前，而是在我们里面。
>
> —— 梭罗①

为什么有些人年薪几万，有些人年薪几百万？后一种人是超级多产呢，还是超级走运呢？当然了，天分、技术、经验、培训……这些都会对人有巨大的影响，但是大到足以让两个人产生上百倍的差异，这不科学。真正导致差异的，其实是一个人对自己能力的认知。

想一想吧，如果两个人对自己的水平有截然不同的看法，会不会造成截然不同的发展结果？一定会。我读

---

① 美国散文家、哲学家、诗人，著有《瓦尔登湖》。

到过一些研究，说销售人员的潜意识里，常常对自己的能力有一种先入为主的看法，他们会"预设"自己的薪资大概会在什么水准。所以，当薪资超过了那个水准时，他们会下意识地降低自己的业绩来符合"自己的水准"。有意思吧？他们一面限制自己的发展，还一面对自己表示很失望。

改变我们的信念与认识，能改变我们的成绩。要记住，我们的未来，往往不是朝着计划好的方向去发展，而是朝着头脑期望的方向去发展。而影响我们期望值的东西，就是我们头脑里对自己的认知。因此，去改变头脑的认识吧。透过别人、书籍、广播、杂志，以及你自己的话语和想象力，从中吸收能提升自己的东西，更新你对自己的认识。按照丹尼斯·魏特利说的，别在脑袋里反复播放自己失败的画面，要播放自己未来成功的画面。用嘴说出它，用眼看到它，用心期待它，努力得到它！

第 17 课　猪不知道自己很臭

没钱的人喜欢给自己买一台大电视,
有钱的人喜欢给自己建一个大书房。
——吉姆·罗恩①

有一句话,是我的一位良师益友常说的,而且前几天我妻子也提到了这句话:"猪不知道自己很臭。"你知道吗?这句话可不简单,里面满是真知灼见。我一定要围绕着它好好写上一篇东西。不过我要先澄清一下,我妻子可不是说我是猪,她当时真的另有所指。

话说回来,猪真的不知道自己很臭。我朋友每次说

---

① 美国商业思想家,成功学导师,著有《快乐致富:获得财富与快乐的 7 个策略》。

这句话，其实是指那些态度消极的人。他的意思是：如果我们自己很消极，又常常和很消极的人待在一起，那我们就不会感觉到自己很消极。把这个意思再延伸一下，就是：如果我是一个业绩排名下游的销售员，又常常和其他业绩排名下游的销售员在一起，那么我就不会觉得自己业绩不好；如果我是一个喜欢说老婆坏话的男人，朋友圈又都是这样的男人，那么这群男人谁都不会觉得这是一个坏毛病。不论我们属于上述哪种情况，都是在相互培养一种负面的习惯。这并不是说，我们不知道什么是正面的，我们当然知道。只是我们身边的环境无法提供一个正面的力量，去帮助我们改变这种负面现状，于是我们就一直一起"在泥地里打滚"。

大约二十年前，我学到了人生中最有价值的一堂课（没错，也是我那位良师益友教我的）。他向我指出了积极的价值所在，并具体地告诉我如何去获得它，就是通过每天阅读一点能够启发和激励我积极向上的东西。这些东西可以是领导策略、交往技巧、沟通能力、婚姻关系、亲子家教、财务管理、销售知识……通过这样的每天阅读，它就成了一个稳定的力量因素，可以长期激发我们内在的积极性。我做了30天后，开始觉察到身边的许多人真的很消极——我开始注意到自己和身边人的区别了。这并不是他们变得越来越消极，而是我变得积极了。

可能我用的类比有点怪，但是请理解我的意思——猪（我）只有洗净了，才会开始注意其他人身上的泥和灰。我们也需要注意到周围人身上的问题——不是去审视人们的人品，而是去察觉那些负面心态和消极思想。

你呢？你的销售业绩符合你的期待吗？如果不符合，去查看你的"猪圈"：所有人都与你水平相同，甚至更低吗？如果你的婚姻质量不符合期待，去查看你的"猪圈"：所有人都和你一样在挣扎、甚至更加束手无策吗？如果你不喜欢自己的健康状况，去查看你的"猪圈"：所有人都和你同处于纠结中，都在为了体重、锻炼和健身而心烦，却少有人做到改变吗？如果我们真想改变某些事情，去查看一下我们所在的"猪圈"，把一些已经成功改变的人加入进去。

第18课 你的世界是什么颜色?

> 五年以后,你依然是你,一直在变的是你认识的人和阅读的书。
>
> ——查理·"精彩"·琼斯[①]

我记得有个故事是这么讲的:爷爷某天靠在沙发上睡着了,顽皮的小孙子决定搞一个恶作剧。他去冰箱里找了一些干奶酪,是味道特别大的那种,把它们轻轻地抹到了爷爷的胡子上。然后孙子藏到一个角落里,看见爷爷在沙发上扭了扭身子,睁开了眼。醒来的爷爷猛地坐了起来,用鼻子使劲闻了一下,大声说:"这儿好臭!"接着爷爷起身跑进厨房,一个深呼吸

[①] 美国企业家、销售大师,以《精彩人生》一书闻名,被昵称为"查理·'精彩'·琼斯"。

之后又大声说："这儿也好臭！"为了躲开家里到处的臭味，爷爷不得不跑到了户外，站在家门口，他再次做了一个深呼吸，大声说了一句："全世界都好臭！"

当然，爷爷最后会发现臭味的源头，只要用一点水和香皂，就能让他的整个世界恢复正常。不过，如果我们身上也有"臭味"，而且是来自我们内心，事情就没那么容易解决了。

约翰·马克斯韦尔在他的《人生一定要沾锅》中讲到，在生活、别人、自己等问题上，我们每个人都有一套认识，其中包含了我们对这些事情的态度、设想和期望。约翰认为，这些认识将会决定我们的为人——是乐观或是悲观，是开朗或是阴郁，是勇敢或是胆小，是安全感强或是疑心病重，喜欢待人友善或是喜欢防人一手。[①]我们带着什么颜色的眼镜去看世界，取决于我们内心的认识。我们看待人生的视角由它构成，而唯一改变这视角的方式，就是改变我们内心的认识。

这个做起来可不容易，很难一蹴而就。改变心态也许有时候还容易点儿，但改变习惯就难了，即使是很小的习惯。要改变它，我们就要像当初养成它的时候一样，

---

① 有兴趣的读者可以参阅：约翰·马克斯韦尔著，《人生一定要沾锅》，蔡璧如译，智库文化出版，2006年。

从小事开始，坚持去做，每天慢慢地影响自己。按照我的浅见，最简单的解决妙方就是查理·"精彩"·琼斯的那句名言："五年之后，你依然是你，一直在变的是你认识的人和阅读的书。"

所以，想想吧，你平时打交道最多的是什么样的人和什么样的书？这些人和书对人生的认识和态度，能够催生你所期待的人生变化吗？这问题本身就是答案。

第19课 拿铁法则

成功，就是从一个失败走向另一个失败，却热情依旧。

——温斯顿·丘吉尔[1]

我刚刚在网上查了：一个中杯的拿铁咖啡，此时此刻在美国的星巴克里售价为3美元。如果你已经结了婚，两个人每天各买一杯的话，一周五个工作日，每周用在咖啡上的花销是30美金，每年则是1560美金。再算上25%的税率，你们每年需要2000美金来维持喝咖啡的习惯！（你们还敢去度假吗？）

---

[1] 英国政治家、作家，两度出任英国首相，1953年获诺贝尔文学奖，被英国国内评为"有史以来最伟大的英国人"。

不过说真的，谁喝一杯咖啡时，会想到喝上一年以后的结果呢？实情是，我们多数人思考事情的后果时，都只思考一次的后果，从不思考综合后果——只不过喝一杯咖啡，只不过消极一回，只不过临时偷空浏览一会儿网页而已。我的电脑主页是一个体育网站，每次打开浏览器，我只打算瞅上一眼而已。不过"一眼"通常会变成十分钟、十五分钟，甚至二十分钟。我每天会瞅好几眼，一周下来，一个半小时的时间都用在这上面。因此，每年我花在"瞅一眼电脑主页"上的时间是78个小时！

这可能还不是最惨的，最惨的是我们脑子里想的东西。假如上帝决定制造一份"年度念头浮现排行榜"的榜单，你脑子里面哪一个念头会荣获第一？这个念头多久浮现一次？它累加起来给你造成了什么影响？我要是能看到自己那份榜单，我肯定会开始主动过滤自己的思绪，并且有意地去改变自己思考的内容。

无论是财务习惯、时间习惯，还是思考习惯，一旦看到它们所带来的长远影响，我相信我们会立刻发现问题，并最终改变这些习以为常的事情。一旦看到综合的结果，我相信我们会更细心地整理自己的思绪，明智地制订自己的消费计划，主动地改变我们的交际方式和交际对象。

最后我好奇地问一句：有没有谁读这篇文章时，正在星巴克里享用大杯的拿铁咖啡？它的味道不错呢。

第 20 课　本相

> 人生中经历到的大多数的不快乐，
> 都是因为我们听从自己多于教导自己。
>
> ——钟马田[1]

你的大脑在干什么？我是说现在。在这一刻，它在想问题？感受事物？或者在唱歌？不论它在做什么……它为什么会那么做？

那天我们正在家里享用晚餐，我突然间冒出来一个问题："为什么我脑子里一直在播放辛迪·劳帕的那首《本相》？"[2] 这首歌我很少听，我们家似乎也没

---

[1] 英国牧师，20 世纪基督教福音派的领军人物之一。
[2] 辛迪·劳帕是美国音乐人，曾多次获奖，《本相》是她第二张专辑中的主打歌。

人会唱。但就在我刚刚问完那个问题之后,妻子和我不约而同地回头望向旁边的一张桌子——那上面摆了一本书,书名叫做《本相》。它是妻子最近才买回来的。它跟那首歌毫无关系,恰巧重名而已。

我又想了想,忽然明白了。今天踏进家门之后,我看到了那本书摆在桌子上,仅此而已。我没有去想它,也没有问起这本书,我妻子甚至不知道我看到了它。我只是从它旁边经过,眼睛扫见了书名,然后继续做自己的事去了。但是,奇怪的是,一两个小时以后,当我们坐在餐桌前,我忽然发现这首歌在我脑袋里反复播放,还忍不住冒出了那个问题。

天啊,我们的大脑多么强大!我完全没有刻意去把书名和歌曲联系在一起,但是存在于我潜意识里面的那个"小人儿",知道我曾经在某处听到过这首歌,然后自动帮我做了这种联系的工作。遗憾的是,我的脑袋不擅长记歌词,通常只能记住一两句。于是我脑袋里的音乐放过来、放过去就是那一两句。有时候这种"单句循环"会持续好几个小时!

我为什么讲这些?记得古话吗?"非礼勿视,非礼勿听,非礼勿言。"不论我们有意还是无意,凡是我们所见、所听、所感、所体验到的一切，都会进入到我们的头脑，影响我们的思维，影响我们的行动，最终也会影响我们所得到的结果。

所以说，如果在人生中的几个关键领域里，比如事业、婚姻、健康等，你还没有取得自己期待的成果，那么请问自己这个问题："现在，我让自己所接触到的事物，就是我让自己所看到的、所听到的，还包括我自己所说的（要知道，言语常常能促成事实），都对我达成自己的期待有帮助吗？"认真想想这个问题，它能给人带来的改变是巨大的。

《本相》这首歌里这样说："我知道你的本相，不改闪亮；我知道你的本相，便是缘由……"

去听你喜欢歌曲吧！

第21课　成功是取得一种平衡

汽车的每个轮子都需要安装稳固、调试精准，才能减少耗能、行驶平稳。同样，当你的思想、体验、情绪、目标和价值观都达至一种平衡，你的表现才是最棒的。

——博恩·崔西[1]

如果按照人们衡量事业的标准，保罗·盖蒂[2]无疑取得了巨大的成功；如果按照人们衡量人际关系的标准，结了五次婚的盖蒂肯定算不上成功。这是告诉我们，成功建立于生活上的平衡。我们追逐事业发展时，如何平衡我们的婚姻、家庭以及其他人际关系？又如何平衡身

---

[1] 美国成功学导师，著有《自信的力量》。
[2] 保罗·盖蒂是美国的石油大亨，也是20世纪60年代的世界首富。

体和心灵的健康？我曾学到的、且还在继续学习的一件事，就是：成功是在信仰、财务、健康、关系等我们人生中关键的这几根支柱之间取得一种平衡。按照我的标准，如果我需要牺牲家庭，或健康，或信仰，才能在事业上大展雄图，我就不算成功。这些事情并非不能兼顾。我们完全可以在财务上取得巨大的收获，同时建立起和睦的家庭、持久的友谊、健康的身体。请了解这一点：平衡其实是对自己的一种保护——当一根支柱垮塌时，其他几根会继续撑住你的整个世界。

当今社会的经济状况一直在变化，而且很不稳定，无数人被迫进入财务上巨大的困难时期。他们中有多少人盼望自己能够重回正轨，却得不到信仰的力量和家人的支持。拿出足够的时间和精力，去检视自己的平衡状况，不要让牺牲一方换取另一方的情形出现。要让它们一同平衡地发展。

第 22 课　愿望与决定

> 如果你不做自己的人生规划，你就会落入别人的人生规划。你猜，别人的规划里会怎么为你规划？要我说，别想的太好。
>
> ——吉姆·罗恩

多年前我听到一个讲员说："愿望越清楚，抉择越容易。"他说的真对。我没当过飞行员，不过我相信，在一个晴朗的天气里飞行，肯定比在多云的天气飞行，更容易让飞行员做出判断。在好天气里，他们可以更加清楚地看见自己的航道，甚至是目的地。

这是一个很简单的道理：当我们知道自己想要争取的是什么，我们所要做的决定就变得具体而清晰。举例来说，如果我的愿望是给妻子应有的尊重，那么该不该跟一位女同事单独出去喝酒，就成了一个容易做出的决定，答案是"不该"。如果我计划去参加马拉松长跑，那么今天该不该出去锻炼，也是一个容易做出的决定；如果我希望身边的人信任我，那么要不要遵守自己的诺言，就是一个容易做出的决定。只要你清楚自己的目的地，你所需要做的决定，就是设法让自己离目的地越来越近，而非越来越远。所以，一旦确立自己的愿望或目标，做决定的过程会变得简单。

不过，要注意，犹豫其实也是一种决定，它的决定就是"暂时不做决定"；它相当于先予以否定，等待下一步的进展再另作打算。就是在这个意义上，其实我们每天都在做决定。区别只在于这些决定是否让我们离目标更近了一步。所以说，没错，愿望越清楚，抉择越容易。

第 23 课　立界线

有效率,是把事情做对;
有效果,是做对的事情。
　　　　　——彼得·德鲁克①

　　我听人说,要成为顶尖的销售员,至少在开始的头几年里,你必须每周工作80小时以上。我劝你别信这个。完成一项工作任务,所需要的是努力,而不是时间。通常来说,只要够认真努力,手头的时间都是够用的。你需要在这方面给自己立一个界线,否则一切都会开始失控。我当销售员的时候给自己立了界线。当业绩达到第一名时,我每周用在工作上的时间甚至少于40个小时。

---
① 美国管理学大师,著有《卓有成效的个人管理》。

你相信界线的力量吗？你给自己立过界线，并坚持遵守了吗？一旦我们开始立界线，总是会有一些意外情况出现，需要你打破自己立定的规矩。这也是可以的，但其中的关键在于：别让这些意外成为一种常态。只是，界线不仅局限在工作上。你有没有听过一些人讽刺基督徒的话："这些人满脑子都是天上的事，根本不管地上的普通人的死活。"别误会我，信仰对我来说很重要，所以不要误解我的意思。但我还是会照常生活，去爱妻子、服务客户、养育儿女、锻炼身体——事实上，我认为信仰对以上的事情大有裨益。

我过去不懂得给自己立界线，以至于有位导师一度对我说："把你的日程表给我看看，我来告诉你哪些事应该是你优先要做的。"如今，我已经不需要再把"照顾孩子"写进日程表了，因为我会限制自己花在工作上的时间，保证自己有时间和家人一起用餐，一起共度夜晚，也要保证有时间和我妻子单独相处（在我们家里，除了我们夫妻想要单独相处的时候，每个晚上都是全家人共度时光）。我的界线针对的是我家的情况，未必适合于所有人。但我想指出一个原则：如果我不限制自己工作的时间，就算在最顺利的状况下，我们夫妻以及全家相处的时间都会逐渐减少。这对我们家绝对不是好事。

界线的存在是一种自然现象。海洋、湖泊、河流都有界线。界线如果消失，出现的是灾害。

　　我相信界线的力量，它能让人在生命中那些重要的事情上，确立方向，保持专注，创造价值。当然，它需要决心和毅力，还常常需要信心。界线是必要的，我们要尊重它。

第 24 课　优先考虑"大石头"

> 在穿着问题上要紧随潮流,
> 在原则问题上要坚如磐石。
> ——托马斯·杰斐逊[①]

史蒂芬·柯维在他的《高效能人士的七个习惯》里面讲过一个"大石头"的故事,我想很多人都听过这个故事。[②] 简单地复述一下,这个故事就是:一位教授在课堂上拿了一个大罐子当教学道具。他先让学生看到罐子是空的,然后在他们的注视下,开始往里面装大块的石

[①] 美国开国元勋,《独立宣言》的起草人之一,于 1801 年就任第三任总统。
[②] 史蒂芬·柯维是管理学大师,其著作《高效能人士的七个习惯》在美国知名度很高,曾盘踞畅销书排行榜数年不下,因此作者假设很多人都听过"大石头"的故事。有兴趣的读者可以参阅:史蒂芬·柯维著,《高效能人士的七个习惯》,高新勇等译,中国青年出版社,2015 年。

头。他要求学生们，等罐子满了的时候告诉他，他就停止放大石头，开始放小石头。等学生们看到小石头满了之后，他就开始放沙子。然后则是倒入水。就这样，教授一直往罐子里放东西，直到整个罐子被彻底填满。然后，教授告诉学生们一个道理：如果你不把大石头先放进罐子里，后来一定会放不进去。

嗯，不错的故事，意味深长，我要好好揣摩一下。等等，来了一封电邮，后面还有一通电话，今晚有什么电视节目来着，明天预报的是什么天气，我喜欢的那个球队进球了没有……怎么样？这些分神的事可能源源不绝，让你慢慢忘掉眼前的故事，同时也逐渐瓦解这个能改变你人生的潜在机遇。停停停，我们要专注于重要的事。

你人生里的"大石头"是什么？什么是你最重要的事？如果你是个企业老板（如果你不是，就想一想与你现在的职位相关的事情），请跳出你日复一日的例行工作，去看远方的未来，五年、十年、甚至二十年以后都行。这些年以后，当你回顾一切时，问你自己："什么东西对我最重要？"你还可以进一步问：是什么事情赋予了我人生的价值和意义？又或者说，是哪一件事情让我觉得人生变得有价值、有意义？如果你"野心"够大，可以用这个方法去"回顾"你的整个人生。最后把你的想法写下来。

一旦你找到了你的"大石头",就要把它们排在你日程的第一位。如果不能立刻放在第一位,也要设法优先考虑它。或者,你可以制订一套新的生活和工作计划,对其他事务加以限制。

要优先考虑"大石头"!

第 25 课 加宽"鱼缸"

你身边总会有许多的声音，但最清晰、最有力的是你心里自我评判的声音。它可以阻挡你，也可以推动你，这取决于你怎么听它。

——凯斯·哈瑞尔[①]

鲨鱼的体型大小，取决于它所成长的空间的大小，你听说过这个吗？所以，你完全可以通过改变鱼缸的规格，来控制一条鲨鱼的体型！

等等，我妻子刚刚告诉我这只是个传言。太可惜了，我正要用它做例证呢。不过不要紧，它的寓意仍是真实的。

---

① 美国职业培训师，著有《态度决定一切》。

我开始从事印刷服务业的时候，对它一无所知。在推销产品和服务上，我也只有一点零零星星的想法；当时我唯一的一点点优势，是我明白"做事要放宽思路，敢想敢拼"。十二个月以后，我四处碰壁，销售业绩糟糕，事业跌至谷底。于是我决定，我得让其他人知道，如果我被开除了，那不是因为我不够努力，也不是因为我能力不济，而是因为我运气不好、无法取得预期的成果。我开始把自己所有努力做过的工作，就是那些该出成果的工作，都一一清楚地记录在我的日历上（将来我离开了，人们也能看到我是多么努力）。

到最后，有一些好的销售势头开始浮现，工作的成果也逐渐有了。但是，我工作发展上最大的转折却不是这里，而是起因于我的老板在走廊里随口说的一句话，他当时甚至不是对着我说的。他说我可以被算进美国最好的业务推销员的行列之中。没有听到他这句漫不经心的评语之前，我以为我的能力只够和宾州中部[①]的同行进行竞争，所以我把自己"鱼缸"的规模限定在这个小区域之内。但是，听到他的评语的一瞬间，我突然意识到，我完全可以跟全国的同行进行竞争，我的"鱼缸"可以是整个美国。仅仅两年之后，我真的成为了全美最顶尖

---

① 作者早期从业的印刷服务公司，位于美国宾夕法尼亚州的中部地区。

的业务推销员之一。没错，从挣扎求存到蓬勃发展，一切只用了两年。别误会我的意思，换了一个"大鱼缸"并不是导致我取得成绩的唯一因素，我仍然在工作上付出了许多实际的行动，正如圣经上说的："信心没有行为是死的。"① 但是，在好好工作的同时，加宽你的"鱼缸"，这也是成功的秘诀。

你的人生中难道没有一些关键人物，总是在鞭策你，让你去敢想敢拼吗？他们会把你逼到极限，甚至弄得你有点难受，因为他们或许比你更加相信你的资历和能力。

现在你的"鱼缸"有多大？事业上、财务上、婚姻上、健康上，你敢去向往自己想要的成果吗？你的"鱼缸"大到符合你的期望吗？又是什么事或者什么人，在影响你"鱼缸"的大小呢？其实，一直在影响你的就是你的朋友、你的伙伴、你爱听的歌、你爱讲的话和你习惯的想法。

找到那些合适的人和环境，加宽你的"鱼缸"吧，使你想要的成果能够成真。别一直呆在安乐窝里，去学习，去成长，去相信，去脚踏实地地工作！

---

① 新约圣经《雅各书》2章17节。

第 26 课 质量和数量

> 坚毅的品格帮助我们作出决定，
> 坚实的责任催促我们付诸行动，
> 坚苦的训练保证我们完成任务。
>
> ——金克拉

你记得自己怎么学会骑自行车的吗？你记得自己怎么学会打棒球的吗？你是怎么练成那一手漂亮的网球反拍的？怎么成为跆拳道黑带的？你的游泳技巧、销售技巧是怎么练出来的？让我来告诉你，我们大家的学习过程都是这样：你学了，就去尝试，然后不免犯点错，并且吸取经验；然后你开始继续试着做，继续犯错，继续吸取经验，继续尝试……如此一直向前。经过多次的尝试之后，学习的效果就越来越明显。发现了吗？在整个过程中，你首先达成的是工作的数量，而后才是工作的质量。数量在质量之前，而不是反过来。

我记得一个故事，是马克斯韦尔在他的佳作《转败为胜》里面讲到的。它说的是一群学生一起做实验，实验项目是做陶器。学生们会被分成两组，每一组需要按照不同的要求去做陶器。① 老师会根据两组学生各自的完成情况来给予分数。第一组被要求尽可能地多做陶器，因此，他们的成绩取决于他们最终做成的陶器的数量；第二组被要求只做一件陶器，但是要尽可能地精美，因此他们的成绩取决于这一件陶器的质量。第二天，两个组都交上了自己的作业，当然，他们也都得到了相应的评分。最后，老师做了一件有意思的事：让学生们从全部的陶器中选出一件质量最佳的。一般人会认为，被选出的一定是专心追求质量的第二组学生的那件陶器。但或许你也猜到了，不是的，第二组的学生虽然只做了一件陶器，但那件陶器并不是所有陶器里最好的。相反，第一组学生虽然专注于数量，而且的确做出了很多不怎么样的陶器，但是，质量最佳的那一件陶器仍然产生于他们所做的作品里。

---

① 有兴趣的读者请见：约翰·马克斯韦尔，《转败为胜》，甘张梅君译，新华出版社，2003年。

这个道理是站得住脚的。在追求数量的过程中，质量也会达到一定水准。就算一直在失败，也意味着一直在尝试。只要还在向前，确实会有犯错的可能，但同时也意味着你会有调整、修正和改善的空间。这些大量尝试的结果，最终一定是好的质量。我再多给你一条有用的建议：去找一些你信赖的人，在你尝试的过程中为你提供指引、辅导和训练，他们往往能看到你所看不到的，能减少你的坏习惯，从而帮你矫正问题。

不论你想要提升的是销售能力，还是人际关系、网球水平、开车技术，你就应该去常常练习和实践，并从错误中吸取经验。记得那句经典台词吗，就是动画片《未来小子》[①]里面的威尔伯爱说的那句——"永远向前！"

[①] 美国迪士尼公司于2007年出品的一部动画电影，又名《拜见罗宾逊一家》。

第 27 课 尊重人们的潜力

给予一个人应有的尊重，

能帮助他展示出本有的才干。

——歌德[①]

有一个人在我一生中对我影响最深，他曾对我说："迈克，当你学会了照着人们的潜力去尊重他们，你会成为一个更好的领导。"这个世界喜欢盯着人们身上的不好，这位朋友却教我去关注人们身上的好。人们感到被尊重的地方，往往才是吸引他们加入的地方。所以说，与其照着人们现在的程度去看待他们，不如按照他们所拥有的潜力去看待他们，这会让他们感到自己的价值被

[①] 德国思想家、诗人，著有《浮士德》。

你认可。做到这一点，你要有一点眼光，还需要一些信心和勇气；但最终你会发现，这些都很值得。

　　你有没有听说过，一个人实际能力的强弱，取决于他对自己能力的认识？这是真的，而且，我们的认识会很容易受到他人的影响。请允许我再用一次第25课的那个例子：一些年前，我在宾州中部的一家公司做业务推销，那时我对自己能力的认识是：我的能力就像宾州中部这个小地方那么大。有一天我的老板很偶然地说，我的能力放眼全国都是优秀的。我之前从来不敢这样去看自己。我的老板可能不知道，他无心的一句话更新了我看待自己的方式，将自己从"地方水准"提升到了"国家水准"。一两年后，我真的做到了"国家水准"。

　　如果你想要建立一支有力的团队，不论是商业团队、教会团队、体育团队或是家庭团队，你要学着多一点耐心，多一点远见，不要按照人们现在的程度去定义他们。要明白，人越受重视就越容易成长；我们的配偶、子女或同事，莫不如此。所以，如果你想要拥有一支了不起的团队，记得按照他们的潜力去尊重他们。

第28课　说什么是什么

> 自信心，产生于诚实，植根于荣誉，建基于对职责的神圣体会，依赖于尽心竭力的维护，成就于无私而光明的行为。没有这些，自信心无法生长。
>
> ——富兰克林·罗斯福[①]

想象一下，如果全世界的人都"说什么就是什么"，同时也"是什么就说什么"，会怎么样？简单来说，如果你承诺了什么，就应该做到它，这叫说什么是什么；如果你想要什么，就提出来、说清楚，把你的意图讲明白，这叫是什么说什么。圣经上说："你们的话，是就说是，

[①] 美国历史上任期最长的总统（曾连任四届），带领美国赢得第二次世界大战的国家领袖。

不是就说不是。"① 我们的言语如果无须复杂的修饰，也毫无被曲解的空间，它将会变得多么有力！

要是你拥有这样一支团队，成员们一向说什么是什么，同时是什么也就说什么，你会感觉如何？要是你所在的那支团队，大家相互之间是就说是，不是就说不是，又会是怎样一番光景？你会不会特别信赖他们的品行？你会不会特别放心把职责委托给他们？是不是会有无数的客户、厂商、合作伙伴、企业高管都愿意与他们一起工作？想一想，这会为你的团队工作节省多少时间和精力，创造多少资源和优势？

最重要的问题来了：你愿不愿意打造一支这样的队伍？圣雄甘地说："你渴望世界怎样改变，就让自己成为那个改变的起点。"因此，从小事上开始吧，让我们自己成为一个团队改变的起点。

---

① 新约圣经《马太福音》5章37节。

第29课　根本没用

> 我们的生命仿佛一辆高档的变速自行车，有着超强的换挡提速的功能，只不过大多数人从来不用它。
>
> ——查尔斯·舒尔茨[①]

我开车时喜欢听点东西，在《成功》杂志的CD、安迪·斯坦利[②]的布道广播以及其他的音频学习材料之间，我的首选是体育电台。电台里会时不时地向听众推荐一些健身训练教材，比如《90天魔鬼训练》。不过我告诉你，《90天魔鬼训练》根本没用，我会在下面解释我的理由。

---

① 美国漫画大师，创作有《史努比》系列和《查理·布朗》系列。
② 安迪·斯坦利是美国牧师，2006年入选美国最具影响力的牧师名单，排在13位。

我可以想象，演讲一开始，查理·"精彩"·琼斯会用他低沉有力的声音说："根本没用！"他很有一手，常常在一开始就抛出结论，以吸引听众的注意力；不过，熟悉他的人都知道，他的话最后一定会绕回来，回到他开头的结论上——"根本没用"。我们的营销计划根本没用，我们的企划方案根本没用，我们经营婚姻的智慧也根本没有用。无论是成功地领到结婚证，还是写出了一个营销计划，或者是设计出了一套企划方案，都不会理所当然地给我们带来良性的结果。关键是我们自己要参与在其中——这些纸面上的东西要靠我们的参与，才能开始生效。只有我们具有积极的心态、坚韧的毅力，并且高质量地工作，才能使一个优秀的营销计划被贯彻到底。同样，只有我们做到适当的授权、有力的执行，并对之进行明智的检验与测试，一套企划方案才算成功。

我们学到的那些婚姻里的技巧和智慧也都没有用，除非我们实实在在地去爱，去容让，去尊重，去认真地了解配偶所珍视的事物，并竭尽所能地去给予。我们的婚姻幸福而美好，是因为我们每一天都真诚地去做。

在我写这篇文章的时候，《90天魔鬼训练》的课程我已经听了十个星期了。我可以向你保证：它真的一点都没用，除非你自己亲身投入，坚持去做。

第30课 走出安乐窝

> 如果你想要拥有某人的人生，你就要开始学习像他一样思考，像他一样行事，像他一样走路，像他一样说话。等你方方面面都学像了他，你就成为了他。
>
> ——金克拉

大家都听过小男孩帮助蝴蝶破茧的故事吧？小男孩一片好意，想要帮助在茧里挣扎的蝴蝶走出"困境"，结果反而让蝴蝶死得更快了。他不知道蝴蝶的翅膀需要浸在茧中，才能得到所需要的营养。不经历这一番挣扎，蝴蝶的翅膀无法长成，不能飞翔。并且，谁都知道不会飞的蝴蝶是活不久的。

这个故事的寓意也很适用于我们,不是吗?至少我觉得是这样。我真的相信自己需要时不时地体会到一些"艰难"的感觉。否则,我很容易停留在一个安乐窝里自娱自乐。安乐窝的生存状态,意味着千篇一律的生活,更意味着我不会遇到真正的机会。出去寻找机会,则一定会遇到难处:

销售、服务行业的人员需要直面一些不愉快的情形,比如你去尝试为他人提供服务的时候,遭到对方拒绝。

企业管理者需要面对压力和风险,包括在追逐财富、时间和声誉的时候,押上你现有的财富、时间和声誉。

夫妻希望婚姻越来越好,就需要发现有问题的地方(这些问题通常都不会令人感到愉快),并在尝试解决问题的过程中直面可能产生的冲突。

孩子们去交朋友时也要做好被拒绝的准备,这种准备在一生之中可能都是需要的。

所以说,还是走出安乐窝吧,即使不是经常的,也偶尔出来一下。去尝试一些有必要、有益处、却未必容易的事情。就像通过锻炼我们的肌肉会更加强健一样,在面对各种挑战时,我们精神的坚强程度也会提升。萧律柏说过:"艰难的日子不会持久,但坚强的人可以持久。"

第 31 课 三只青蛙和一个决定

不怕慢,就怕站。

——中国谚语

三只青蛙坐在睡莲叶子上,有两只决定跳进水里,叶子上还剩几只青蛙?如果你说还剩一只,说明你缺乏普通的常识——你以为"决定"就是事实。正确答案是三只,因为决定跳下去不等于跳下去。一个决定并不会必然产生行动。

当你做决定的时候,我建议你要找到履行它的动力。

首先,你要找到履行它的直接动力。这是说,你需要知道自己为什么做这个决定——你想达成什么目的,或得到什么奖励？然后你要专注于你想要的目的或奖励。博恩·崔西建议使用"远景想象法"（Visioning-imagining）。意思是，去想象你已经得到了自己想要的，想象你看到它，摸到它，尝到它，体验到它，然后朝着它努力。运动员经常这样做，其他领域的行家们也是如此，销售员、商人、心理学家、音乐家，甚至优秀的父母和幸福的夫妻都会这么做。

另一个关键的动力来源叫做"监督法"。在比较正式的决定上，要找一些你敬重的人来监督你履行自己的决定。人选可以根据你具体要做的事以及你希望对方参与的程度而定。但别把监督的方法弄得太复杂，最好让对方既容易参与、又能有效地起到监督作用。在一些不那么正式的决定上，你可以把自己的决定"透露"给一些人，最好是那些你不想使之失望的人。公开透露你的决定时，有时需要多一点顾虑。我一般建议人们，把"坚持向上"的决定向外人公开，把"还是放弃"的决定告诉自己人。去年夏天，当我决定完成《90天魔鬼训练》的健身课程时，我有意地向身边所有人"透露"了这个决定。这不是为了炫耀，而是为了对自己形成监督。我非常注重自己的人品，又要求人们认真地监督我。我允许任何人在任何时间，都可以有意无意地检查我健身的状况。不论这个主意好不好，我把《90天魔鬼训练》坚持到了第91天（顺便夸一句：这个健身课程效果真不错）。只要我没受伤，接下来我可能要开始《90天魔鬼训练》进阶版的课程了。注意到我刚刚这句话里缺乏动力了吗？"只要"、"可能"，这些用语都在给自己留退路。

现在要说今天这篇文章里最后的一个建议了：坚信话语的力量。你的承诺能坚固你的决定，帮助你把它们变为事实。圣经上说："他叫无变为有。"[①] 又说："他所说的必成。"[②] 这是很好的总结。

要紧的是努力投入。你觉得鸡和猪，谁更努力投入？答案是猪。鸡只要努力下蛋，就能让人吃到东西；猪要把自己全身都投入，才能让人吃到猪肉。我希望自己像猪一样（别评论我句话，谢谢）。

---

① 新约圣经《罗马书》4章17节。
② 新约圣经《马可福音》11章23节。

第32课　别把兴趣排第一

> 阳光不汇聚就不会有火花，
> 头脑不专注就不会有灵感。
>
> ——贝尔[①]

有一回我正在听《成功》杂志的CD，讲员的一句话一下子吸引了我，这句话是："别把兴趣当成首要事务。"当我写这篇文章的时候，我已经忘了他整个演讲的内容，但这句话一直停留在我脑海里。

如果你有孩子，或者养过小猫小狗，你可能会知道"跳跳球"这个玩具。这个小圆球弹性很强，动力十足，能蹦蹦跳跳直到电池耗尽，小孩和宠物都很喜欢它。它

[①] 美国发明家，人称"电话之父"。

能四处弹跳，但从来不会固定地朝着某一个方向去，因为它的方向始终在变。

我知道人们有时也是这样，很有热情，很有活力，兴趣广泛，但从来不专注于某样事物，不去开发自己的天分和潜力。既不专心，也无目标，更无方向，全靠兴趣的推动。

如果你和我一样，你肯定把大量的时间都花在了"重新开始"上面。因为总会有新鲜的事物或令人兴奋的事物出现，其中很多甚至让人感到既新鲜又兴奋。不管是一本新书（我昨天读的那本新书就不怎么样），还是一套新的营销手段（我昨天学到的那套新的营销手段更是不怎么样），什么东西加上"新"这个字眼，总是更能调动我们的兴奋感，从而让我们把它放在第一位。

"跳跳球"是一个很棒的玩具，但不是一个很棒的老师。它总把兴趣放在首要，但是我们可以把首要的事务变成我们的兴趣。

第33课 文化是一套行为习惯

你渴望世界怎样改变,
就让自己成为那个改变的起点。

——圣雄甘地

文化是我们在自己的处境里所展示出的态度和行为。我相信它是我们自身的一种反映,就像一面镜子,我们在它面前所展示的,最终都会反射回来,或迟或早。

你的公司有没有把公司文化或公司价值观都罗列出来,让大家都看到?你读过它吗?能不能背下来?更重要的是,你(以及其他人)有没有照着它去做?跟你一样,我见过无数的文化宣言、使命宣言、异象宣言、价值观宣言、成功特质宣言等等,它们出现在官网主页上、办公室墙上，甚至被贴在汽车车身上。不过，变变变！发生了什么？——什么也没有！这些宣言不会催生任何变化，除非它们真的被持续地效仿。持续性有什么魔力呢？我甚至愿意这样说：在客户和员工眼里，除非他们看到领导们在持续地遵行那些公开的宣言，否则它们与伪善的谎言没什么分别。

现在，如果从员工的角度说，他们其实都可以通过持守那些准则而成为"领导"。那已经是在承担领导的角色了，不是吗？谁才是领导呢？所有人都说自己致力于创造和持守的某种文化，但是究竟是谁在长期地坚持呢？抬头看看你的周围。你会看到什么？是各种做作、消极、悲观、指责、委屈，还是负责任的态度、信任的关系、主人翁意识、敢作敢为、创新精神和坚毅的品格？你更喜欢哪一个？找出它，坚持它——自始至终活出它。

记住这一点：文化其实就是一套行为习惯。所以，请检视你自己的习惯，确认它们是否符合你的价值观，即你所坚信、所看重的那些准则，然后坚持去做吧。

第 34 课 计算很重要

> 用你的实际经历去思考。
> ——杰克逊·布朗[①]

我小的时候,父亲会在他的汽车里放一个小本,用来记录并计算这辆车的里程和油费。我刚拿到驾照时还没有车,只能先开他的车,于是他要求我像他一样去做记录(他还会仔细检查这些记录)。这算是个好习惯吗?也许吧。只是当时的我觉得很麻烦。不用说,我做的记录马马虎虎,对父亲的计算毫无帮助。当我终于有了自己的车以后,我能想象他有多高兴。

你计算并评估过自己的市场投资回报率吗?这个需

[①] 美国畅销书作家,著有《每天一条正能量》。

要结合你投资的目的,做起来可能有点难度。但只要受过深度的专业训练,大多数直接营销(以及某些广告营销)的结果都是可知的。了解市场投资是否帮你赚了钱(或者是否收回了本钱)难道不应该吗?只是,别满足于含糊的答案,诸如"我们有不错的点击率"或"有好多人看了那个广告以后都给我们打电话了",这一类的反馈不能算有效数据。你得弄清楚:究竟有多少个来电转化成了客户,又带来了多少的最终收益?了解这些信息会让你日后的决策愈发明智。

销售员呢?你计算自己的推销成功率吗?你了解自己需要见多少人才能够产生一个客户吗?如果你完全不做计算与评估,你怎么知道什么举措能使你的业务达标?当然,就算你做了,事情并不会从此一劳永逸,但这些工作无疑能够增加你的行业智慧。

生活事务需要记录和计算吗?当然,比如说健身。托尼·霍顿[①]在《90天魔鬼训练》里说:"用笔写下来!你如果不知道自己做了什么,你怎么知道自己该做什么?"说得太对了(这套健身教材里还蕴藏着许多类似的智慧)!把锻炼的内容记录下来,会成为很好的参考数据,帮助你达到更佳(或更强、更快)。

---

① 美国健身教练,《90天魔鬼训练》系列产品的开发者。

如果在完事以后来一番良好而充分的记录与分析，你知不知道这种"后见之明"的准确率可以高达百分之百？快去把工作做到位，这能让你今后在面对工作时拥有先见之明。

第 35 课 你的口碑够好吗?

重要的不是你嘴上说自己信什么,而是你实际在做什么。

——罗伯特·富尔格姆

古往今来,生意兴隆的最大秘诀是什么?我承认自己没有对这个问题做过深入的调研,但我依然对自己的答案充满自信——良好的口碑。一个新公司能够取得迅速的发展,靠的一定是顾客对产品和服务的好评。问题来了:人们会怎么评价你的产品和服务?或者说,你的口碑够好吗?

我从《成功》杂志的 CD 里听到过一个词——"口碑度"。那是一篇对丹·肯尼迪的专访,他既是作家和讲员，也是企业家和营销大师。在这次专访中他提到了提升"口碑度"的四个关键。我很少成套地引述别人的东西，因为我更喜欢用一些容易被人们忽略的生活智慧和生活常识来帮助读者；但是，丹·肯尼迪所提及的这四种方法既简洁又深刻，非常值得推荐。

建立好口碑没有诀窍，需要脚踏实地，这四个关键方法就是帮助人们做到这一点。我担心很多人明白了这四个关键方法后，想要提升"口碑度"时，仍会去寻找一些诀窍。别误会，确实有些诀窍很有用，确实能产生不一样的效果，但前提是：它们需要扎实地建立在这四个关键素质之上。让我们看看它们都是什么：

- **准时准点。**

我有一位事业成功的朋友，是一位公司高管，他说过一句话："如果你做不到准时，那就来早点儿。"我通常都很准时，万一到不了也会提前打电话。不过，在这方面我肯定还有进步的空间，它一定能够进一步增加我的可信赖程度。

只要开始，就把事情做完。

这世上许多人都善始而不善终。把事情好好做完，然后再开始新的挑战。要做到有始有终。

- **说到做到。**

天啊,在这一点上,有多少客户都告诉过我他们所遭遇的状况:有人向他们表态,希望继续合作,但之后就没下文了。问题就在于说到做不到。如果你说了会给谁打电话或发邮件,无论如何都要把它做了,别找任何借口,不要让人们完全猜不到你会做什么——我知道这听上去很呆板,但是说了就去做吧,人们会喜欢你这一点的。

- **常说"请"和"谢谢"。**

礼貌很重要。当今社会的沟通风气是平淡、简短、仓促,并且反复无常。你要反其道而行之,稳重、开朗、友好和真诚。

这些都是生活常识,却也是今天的商业圈里缺失的东西。这令人感到悲哀,但做到它们,你的口碑会变得不同凡响。

说来好笑,有位世界知名的营销天才早就告诉我们,最棒的提升"口碑度"的方法和策略,其实都是幼儿园里一直在教的东西。[1]

---

① "营销天才"指的是罗伯特·富尔格姆(本文篇首的名言引自于他),他最知名的著作是《受用一生的信条》,该书原名直译是《我需要知道的一切都是从幼儿园里学到的》。

第36课 第二次会面

> 你若不掌管自己的命运,
> 别人就会掌管你的命运。
> ——杰克·韦尔奇[①]

嗯,跟潜在的客户初次接洽进行得非常顺利,你也给他们留下了深刻的印象,是不是?你做得很棒!但是我要追问一句:你和他们约好第二次会面的时间了吗?如果没有的话,可有点不妙……

你要主动约定第二次的会面。这是一个经过验证的市场策略,它最大的优点,就是能把潜在客户变成客户。这是说,如果你不在初次商讨中就跟对方约好第二次的

[①] 商界传奇人物,前美国通用电气公司 CEO。

会面，那么你第二次见到对方的几率已经开始下降。当你结束会议、关门离去的时候，你很可能关上的是自己的机会之门。相反，如果你自信而适当地掌握主动，在初次会面的时候订好第二次会面，机会就不那么容易从你手中溜走。或者你可以这样想：如果约定之后，将来你需要取消这个约会，可能会费一点事；但如果你现在不订下这个约会，你可能已经没有机会了。

我如今有时还会犯这类的错误。每次和客户的会议进展得特别顺利时，我就忘了要当场约定第二次见面的事——因为他们看上去兴致勃勃，似乎只要一个电话或邮件，就能约到他们来进行下一步的商谈。然而事实是，我前脚离开会议室，后脚就会发现事情有变——"生活"总能让你的客户淡忘他们在会议室里有多满意。这就好像你吹起一个气球，却不把气孔绑住，里面的空气——兴趣、机会、价值、利润——都会很快跑掉。这样说你明白了吗？

你也需要明白：当你已经做了许多功课，认真努力地认识了客户，熟悉了他们的角色、机遇、挑战，也已经找到了最佳方式去服务他们的需要（当然，这是在互惠互利的基础上），其实你已经成为他们的专家顾问了，所以你有责任帮助他们，为他们把事情做完做好。

最后，谨记这一点：设法安排第二次会面是一种手段，这意味着，它并非所有情况都适用。一般来说，它的成功比率大概是八比二。十次里用八次，这会是一个良好的习惯。

第二次会面能带来什么不一样，我相信你是知道的。下次和客户进行了一场愉快而顺利的会议后，别忘了为自己锁定机会。

第 37 课　什么是销售

> 人身上最重要的素质是坚毅，它的作用无法代替。天资不能代替，因为天资过人却不成功的事常常可见；才华不能代替，因为才气纵横却不出成果的人比比皆是；教育也不能代替，因为受过教育却不能成家立业的人满世界都是。人身上最重要的能力是坚毅和果敢，什么都不能代替。
>
> ——卡尔文·柯立芝[①]

几个月前，我和某位客户聊起一个潜在的合作机会。其实他并不是指名要和我合作，我只是恰巧在他办公室。但也正因为如此，我成了当时最有机会得到这个项目的

---

① 20 世纪 30 年代的美国总统。

人。随着我们讨论的深入，我愈发了解到他想要的是什么，也知道自己可以接下这个项目；但我同时也想到了我认识的另外一个人，他比我更擅长这种类型的项目。于是，尽管我可以成为这位客户首选的合作人，我却没有毛遂自荐，而是引荐了另外一个更适合的人选。他们见了面，合作非常顺利地开展了起来。在这件事里，我没有从中取得直接的销售绩效，但是我"推销"了一个人。对我来说，我在这件事里所经历的最大考验是：最符合这位客户需求的人选是谁？答案是另外那个人，所以我"推销"了他。

金克拉说，销售行为就是"促成人们理念上与感觉上的转变"。营销策略专家丹·沙利文给销售行为的定义则是："销售是指出一个好的东西，使人们在理智上相信它，并在感情上乐意去得到它。"

我个人对销售行为的定义是：引导人们做出对他们自己有益的决定。

在我上面提到的那个真实的故事里，客户和我的买卖关系，并不是建立在他购买了我的商品或服务之上。他从我这里"买到"的是我的意见，而我的意见将决定他买不买、去哪儿买，以及买什么。

你瞧，多数人以为销售就是：我把我的东西卖给你。幸好这不是真理，否则我们都没法活了。自从创立了这间商业培训公司，我唯一感受到的压力，是怎样更好地服务于这些愿意跟我合作的人。我对他们是否从我这里"买东西"毫无压力，我的压力都在于，他们是否在我的帮助下做出了明智的决定。我会负责任地研究你，同时通过有质量的提问，去了解你的处境、需要、愿望以及兴趣，然后给出我专业可靠的一系列建议。

这种压力我能应付，我甚至喜欢它。

第38课 三件事

> 衡量一个人的最终标准,不是他在和平时的立场如何,而是他面对冲突时站在哪边。
>
> ——马丁·路德·金[①]

我在销售服务业里已有二十五年之久,还训练和指导过许多个人与团队。在经历了所有这些事情之后,我明白了成功与失败的分水岭在于三件事。其他的事情,要么已经被包含在内,要么不如这三件事的影响力那么大。所以,如果你的销售业绩达不到自己的期望,或是已经达到了,却是以你的人生和利益为代价,就从这三件事上评估一下自己的状态吧:

[①] 美国牧师,黑人民权运动领袖,1964年诺贝尔和平奖获得者。

·投入——你的业务活动"配得上"你想要的结果吗?在你的行程表里,你每天约见了多少人?和多少人通了电话?做了多少次尝试?接触到了多少好机会?倾注了多少努力?用现在的行业流行语来说,你是在"原地踏步",还是在做"热身活动"?又或是"徐徐慢跑","匀速奔跑","极速冲刺"?

·知识(水平)——提升自己投入程度的同时,你也在提升自己的知识水平吗?你的沟通能力怎么样?良好的发问和积极的聆听,你都会吗?找工作、请人写推荐信、申请工作变动,这些你都懂得如何操作吗?你会记录和编写工作进度吗?你是否熟悉所在的行业、了解自己的产品、清楚你所面临的各种竞争?

·心态(思考方式)——约翰·马克斯韦尔说,心态是造成差异的关键。在你接起电话的时候、敲别人门的时候、下订单的时候,你脑子里想的是什么?你觉得自己能办成,还是办不成?你是一个好辩的销售员吗?你想要说服对方时,声调会忍不住变高吗?你的公司、你的产品、你的服务、你自己的能力,这些你都信任吗?你的心态积极吗?理念坚定吗?有收获成功的强烈渴望吗?

以上不是什么新鲜的道理,我们多多少少都明白这些。但是我们真的明白吗？因为明白而不做，实际上等于不明白。问题就出在我们太容易忽略这些貌似平凡的常识。我们需要重拾这三件事，并认真地实践出来，而后我们才会得到非同凡响的回报。顺便说一下，如果你想知道三件事中应该先做哪一个，我的建议是从投入程度入手。为什么？因为你要先把车开上路，才能学会控制方向盘。

第 39 课　了结未了之事

> 拖延是机会的天然杀手。
>
> ——维克多·金姆[①]

如果你头发乱糟糟，鞋带没系好，衬衣的一角露在外面，这副形象可不太好——这不是要批评你，我只是说，穿成这样不像一个精明强干的专业人士。可惜你没机会挑我的毛病了。前几天我刚理了发，我的衬衫也从来不会露在外面，而且我从十六岁以后就开始系鞋带了（如果嘻哈时装再度流行起来，我会考虑不系鞋带的）。

不过话说回来，鞋带没系好是很烦的一件事，它会把人搞得一团糟。更麻烦的是，它会一整天都绊着你。

[①] 美国企业家，前雷明顿公司 CEO，著有《大胆下注》。

我现在不是劝你把生活事务理出一个优先次序——我的顺序依次是：夫妻关系、亲子关系、销售业务、项目准备工作，然后是那些会影响到我现在和未来的一些事情——我现在要教你的是，处理你的生活事务序列之外的一些杂事。这些事不是你生活中的必需，但依然会分散你的精力和注意力。带着它们生活，就好像是让人鞋带没系好就去遛狗一样——你仍然能走路，速度也不一定慢，但是却很烦人，对吧？而且在某些情况下，它也完全可能把你绊倒。

我桌上有份文件，已经在那儿放了两个月了。要解决它，我需要给某个供应商打一通电话。这通电话不重要，但是有必要；它也不是很急，但办成后也会有用。只是我一直没去做。所以，这份文件就一直坐在我的桌上，似乎每天都在向我喋喋不休："我就在这儿，哪儿也不去，每天弄得你心痒痒。反正你觉得我不是大事、也不是急事，所以我明天还会在这儿。"（你也有过这种感觉吗？）不久之后，又来了一份行政管理的文件，堆在了之前那份文件上，这两个文件开始一起向我唠叨。

最后我终于烦了，计划把它处理掉。于是我发了封邮件通知对方，也给自己在下周预留出了一个小时（到那时，需要处理的文件已经由两份变成了四份）。但是，一旦我开始着手处理它，唠叨的声音立刻停止了。一周以后，我打通了那个电话，15分钟就解决了一切。但在过去两个月中，我"效率奇高的专业素养"跑到哪里去了？这些文件从始至终都摆在那儿，像我衬衫的一角一直露在外面似的，让我有一点心烦，浪费我一点精力，影响我一点状态，占据我每天的一点时间，这简直毫无必要。

方便的话，安排个时间处理这些事；时间一到，专心地了结它，一次性的。

我不喜欢不系鞋带，我喜欢把它系紧。系好鞋带意味着你准备去打胜仗（这是另外一个话题，有机会我们再讲）。我拿到一双鞋子，会立刻系好鞋带，然后上路，让自己保持开心。

第40课 瞎忙活

> 一味忙碌是无意义的,蚂蚁也很忙碌。我们需要问自己的是:你在忙什么?
>
> ——梭罗

想一想有多少次,一天或一周结束之后,你觉得"简直忙死了"?

你从早到晚都在工作。电话、邮件、短信、私信,你接了无数,也发了无数,整天(或整周)都在应付各种无穷无尽的事情,但是忙完了这一切,你却不觉得离自己的人生愿望又近了一步。这个社会似乎认为忙碌的人就是成功的人,然而一天的工作结束之后,摆在你面前的现实问题是:你是否离自己的目标又近了一点?你前进了吗，还是你只是在瞎忙活？如果没有明确的目标和衡量的标准，你不会得到清楚的答案。而且，即使你有目标，它也需要是适宜的目标，才能一步一步引你实现最终的愿望。有位导师对我说过，有效率是把事情做对，有效果是把对的事情做对。

所以，在你下周开始忙碌之前，审视和思考一下你的工作计划吧。确保你做的事情是"对的事情"，确保它能够有效地使你接近自己的最后目标。如果它不是"对的事情"，可以转交给他人做，或者干脆放弃；如果不能放弃，那就先完成那些"对的事情"，再回头处理它。这样一来，不论忙不忙，你都会经历有成效的一天，像托德·邓肯在他的《成为销售冠军的14条法则》里说的一样："有时候，你要先慢下来，然后才能加速向前。"[1]

---

[1] 有兴趣的读者可以参阅：托德·邓肯著，《成为销售冠军的14条法则》，王楚明译，电子工业出版社，2011年。

第41课　有系统的工作

> 效率绝不是偶然。它是追求卓越、妥善计划，以及专注努力的成果。
>
> ——保罗·梅耶

当我说到"工作系统"这个词，你会想到什么？我想到的是"平衡"。一个有效的系统能够制造良好的平衡，渐渐降低成本，增加成果。

你每天开车上班时，还会因为找不到路而倍感压力吗？你会不知道该在哪个路口转弯吗？你会搞不清楚哪里有红绿灯，哪里没有吗？我想不会的，因为你早就熟门熟路了。你不需要每次上路之前重新想一下该怎么做，你直接就能上路。这其实就是建立起"工作系统"的效果。

具体到销售业上，你用的是什么工作系统？你的公司采取的是什么工作机制？建立工作系统不是为了扼杀创造性，相反，它是为了使你拥有更大的自由度去发挥创意。当很多的事情可以自行运转的时候，你就不必花时间去推动，从而使你有了更多的发挥创意的机会。一个有效的销售系统可以赋予你空间，使你能重新分配你的精力、资源和金钱，用更少的开销去收获更多的成果，还能给他人留下一条可行之路。

所以继续上路吧——了解每一个环节，为之制定表格和模板，建立起关键的工序，确定每一步所需的技术、程序和硬件，让一个系统可以有效而顺利地运转起来。好好使用，别忘了还要评估和校正。

第42课 停机是为了更好地运转

> 当你走在人生的球道上,一定要闻一闻道旁的玫瑰花香,因为这场球赛你只能打一个回合。
>
> ——本·霍根[①]

我在第12课曾谈到"磨斧子"的重要性。不管我们砍树的技术多么好,也不管我们砍倒过多少棵树,有一个自然定律不会改变:斧子终究会变钝。这个道理对你我都适用。不管我们投入了多少时间在事业上、阅读上、健身房里、甚至家庭里(其实花时间陪伴家人总是很有效的),但最终发挥决定作用的,并不是时间,而

[①] 美国高尔夫名将,史上第一位获得五个大满贯的高尔夫球手。

是你在这些事情上的专注、认真和用心。阻挠我们的是疲劳和压力。它能摧毁我们的努力，还能让我们陷入自我防御的心态。

该怎么样去把自己的电量充满呢？下面的几个法子可能有用：

· **睡觉**

人的睡眠时间每天需要7.5至8个小时，才能达到身体和头脑的最佳状态。——《成功》杂志，2011年6月刊。

缺乏睡眠时，我们身体消耗的热量将低于30%。——约翰·梅迪纳，《让大脑自由》。[①]

· **度假**

把事务委托给你的工作团队并且信任他们，让你能有时间专注于一件重要的事情，即和家人一同外出，享受时光，共筑美好回忆。

· **周末**

好好享用周末，尤其是已婚人士！

[①] 约翰·梅迪纳是美国神经科学和分子生物学领域的专家，著有《让大脑自由》（杨光、冯立岩译，浙江人民出版社，2015年）。

- **户外活动**

呼吸些新鲜空气，去登山，去散步，去骑车。户外活动能给人注入神奇的活力。（记得不要带手机！）

- **锻炼**

锻炼可以增加身体的能量，让人更不易感到疲劳。花点时间去锻炼，你会变得更有效率，整体面貌也会愈发良好。

最后要说的是：别只想着达到目的，要尽情享受过程。我回顾自己人生的时候发现，真正的收获往往是在路途中，而不是在目的地。我们不要只是一心盼着周末的到来，而是要享受人生中的每一个时刻——正是这些时刻组成了我们的人生，别浪费它们。

找时间停机休眠吧，让它成为你重新运转的真正助力。

第43课　把事实搞明白

> 有过人的天分是一种幸福，前提是你得用它。
> ——歌德

一份最近的网络调查显示，有45%的美国人会在过年时立一个"新年志愿"，这些新年志愿通常涉及几类：金钱、健康、人际关系、教育水平、个人成长……所有这些志愿，每年只有8%的人能够最终做到。

现在，想一想下面这些问题：如果你是销售人员，你的工作成效是怎样的？如果你是市场人员，你得到的市场回报是怎样的？它和你的投入成正比吗？花钱做那个广告值得吗？还是把金钱和时间花在别的地方更值得？如果你正在努力锻炼，为了让身体更加健康，你的锻炼规律吗？你怎么知道自己的锻炼有没有效？

我们很多人都答不上来这些问题。你有没有想过检验一下自己的志愿或计划，确保它能够达成？当然了，这是假设你一开始就有确切的志愿或计划！

现在，我们该把事实搞明白了——要有效地达成志愿，我们需要四步：规划、行动、比较和调适。第一步，花一点时间，朝着你想要的结果去制订一个规划。不论你是要做销售、市场、策划、人力资源，甚至锻炼身体，你都需要先做规划。第二步，按照你的规划付诸行动。大部分人的失败就在这里——他们不行动！他们就是不照自己说的去做，至少没有持续地去做。他们通常坚持不到成果出现，就已经放弃了。但是，如果你投入了适当的时间，你会得到适当的结果。这时候就可以进行第三步：比较和衡量你所得到的成果。最后一步是调适。它的宗旨是保证整个执行的过程更加顺畅、目标更加合理。这时，需要改善的改善，需要撤掉的撤掉，最终确保你每一次的努力都有效，都离你想要的目标更进一步。

现在你搞明白了。那就去继续努力吧，确保你在未来的一年里能比现在大有进步。时候已到，该把事实搞清楚了。

第44课 主要的事

> 人主要的事是,让主要的事情成为你主要要做的事情。
>
> ——史蒂芬·柯维

做事的时候如果想放开手脚,人需要做到头脑专注、心无旁骛,尤其在你想要取得结果的事情上。

你有没有碰到过,打棒球的时候有一只虫子一直绕着你飞?你有没有体验过,在柔软的沙子或厚厚的积雪上跑步会更艰难?你有没有尝试过,一边看球一边和妻子进行一些重要的谈话?(别这么做!)你应该专注!专注对于所有重要的事情都很重要。对我来说,专注的意思是,当一天中最重要的事情到来时,让"一心多用"

靠边站。我觉得"一心多用"还是有它的用处，但你若想要在一些事情上取得良好的进展、建立明显的优势、收获最佳的效果，那么，专心致志是唯一的途径。

想一想这幅画面：在晴朗温暖的某天，把一个放大镜举在干草上，会怎么样？（如果你是七八岁的小朋友，你想举在虫子上也行）阳光汇聚，产生热量，放大镜下的东西就会开始燃烧，对吧？但如果你拿着放大镜四处乱跑，这儿照照那儿照照，从来不在某处停留，这个放大镜能聚起多少热量？肯定不会有多少。在某段时间内，你想要完成某件重要的事，请把这个原则应用起来。或者用另外一句话来表达：找出你最主要的事情，让它成为你最主要要做的事情。

第45课 可持续的节奏

> 耐心是智慧的良伴。
>
> ——圣奥古斯丁[①]

安迪·斯坦利从事的"北点事工"（North Point Ministries）创办了一个网络广播，里面有很多让人受益的内容。有一次，他演讲中的一个问题引起了我的共鸣："你的发展有可持续性吗？"这个问题很棒，回答它却不那么容易——除非人能站在远处回看自己，否则我们往往很难客观地看清自己所处的现状。

你现在会不会跑得太快？你是不是正在牺牲其他的事情，来成全你的工作？又或许不是工作，而是别的事

[①] 古代基督教哲学家，西方教会四大圣师之一。

情占据了你的全部？你会常常忙得不可开交吗？你会不会思考未来太多，反而忽略了当下？你是不是认定，在工作中投入更多的时间和经历，就会获得更多的财富？还有一个很重要的问题：你每天的睡眠达到七个小时了吗？我听说有研究表明，每天睡眠不足七小时的成年人，有可能在未来折寿十到十二年。很夸张吧？

我不是说努力工作没有用，也不是说睡眠少的人一定活不长，更不是说，我们就该永远保持缓慢的发展速度，不去做任何有针对性的调整。我想探讨的是一个简单而实在、又常被人提及的道理：有时我们需要放慢节奏，然后我们才能真正地提速。这个道理有一个前提，就是你已经知道了什么是自己生命中最重要的事情。通常，当我们后退一万步去看自己的人生，会发现重要的事情就是健康、家庭、友谊和信仰。如果放慢一些节奏，我们能更好地享受和珍视这些重要的东西；如果放慢一些节奏，我们的专注可以提升，我们的精力可以增加，我们的激情可以重燃，我们的工作效率可以更高。今天的广播讲员是杰夫·亨德森，他说了这样一句话："走在一个可持续的节奏里，你才会进入更好的境界。"

第46课　吃掉那只青蛙

> 疑虑是我们大脑里的叛徒，它劝我们不要努力，让我们因此输掉本来可以赢得的好东西。
> ——马克·吐温①

大多数人想起青蛙，就会想到一个又小又粘的两栖动物，在夏天的雨点中四处乱跳，或者是在早春的黄昏里听着虫鸣、准备捕食。不管你想到的青蛙是什么样，应该都不会是让我们食欲大振的画面。在管理学上，"吃青蛙"指的是去做我们不想做的那件事。对你来说，它也许是加入一场针锋相对的辩论，也许是跟孩子谈一些敏感的事，也许是给一个爱挑剔的客户打电话，也许是

---

① 美国作家，著有《汤姆·索亚历险记》。

在公司会议上做一个又大又难的报告或倡议……总之，它是那种我们知道该做，但就是不想做，尤其是不想立刻去做的事情。博恩·崔西在《吃掉那只青蛙》里建议我们：早一点找出那只青蛙，在一天的开头先吃掉它。否则的话，那只青蛙会一整天都在我们心里，影响我们做其他事情的质量。① 如果你小时候和我一样不爱吃蔬菜，你可能就明白我在说什么了。小时候跟家人一起吃晚饭，我总是最后一个离开餐桌，因为大把的时间都用来纠结于碗里的豆角和豌豆。而且很不幸，我总是无法成功地把它们藏起来，不论是在桌布底下，还是宠物狗的嘴里，父母总会提前发现我的意图。于是我吃晚饭的时间就在各种拖延之下变得很长。其实，我的问题不在于吃不吃蔬菜，而在于我总是在拖——拖得越久，就越觉得它难吃，同时碗里其他好吃的东西也越来越少，最后剩下的全是它，到头来还得吃。直到今天，我仍然不太爱吃蔬菜，但是我会先解决掉它们。这样一来，剩下的晚餐就愉快得多了。

你的青蛙是什么？你一直在拖的事情是什么？什么是你一心在逃避的？把你那只青蛙找出来，下个决心，第一个吃掉它。不用担心，你不会失望的，说不定你还

---

① 有兴趣的读者请见：博恩·崔西著，《吃掉那只青蛙》，许海燕译，化学工业出版社，2009年。

会发现：它没有你想象的那么难吃。

第47课 不要无处不在

> 两件事一起做，等于一件也没做。
> ——普步米留斯·西鲁斯①

如果你给老鼠一块饼干，它还会需要牛奶；当牛奶准备好，它会需要吸管；等牛奶喝完，它还会再需要一张纸巾……这种情况会一直持续下去。像这只"老鼠"一样，我们自己的需要也会层出不穷。你试过这样吗？你也曾经同时面临许多的需要吗？开始的时候可能只有一件需要，但是很快会出现另外一件与之相关的需要，之后还会依次牵引出其他的需要。到最后你会发现，自己不仅忘了开头的需要是什么，而且其他的需要也没有

---

① 古罗马作家，诗人。

好好地完成。有一句话，多年一直萦绕在我脑中，每到合适的时候就会跳出来："一个人如果无处不在，那么他其实哪儿都不在。"

话说，有些读者在"一心多用"上可能是专家（虽然我对此还是有所怀疑），但是在重大的事情上努力保持专心，无疑对我们自己是有利的。以后，当我们一边看着电视，一边整理钱包，一边写着电子邮件，还一边听着孩子讲他们今天遇到的事情，我们就应该想起这句话："一个人如果无处不在，那么他其实哪儿都不在。"

想要同时"身处"许多地方，等于让每一个地方都只拥有我们的"一部分"。更进一步说，它意味着没有一个地方拥有了"完整的"我们。它导致的是，当我的儿子、女儿、妻子、母亲需要我的时候，我这个人其实没有在那儿（我希望你意识到：这是不该发生的状况！）。也许有些时候，一心多用还是有用的，但它肯定不适用于我们人生中那些重要的事情。在这些事情上，全神贯注会带来非常不一样的效果。狙击枪的效率总比散弹枪要高，就是这个道理。

所以，当你面临一些重要的需要时，不论这个需要是来自你的员工，或是来自你的上司，或是来自你的客户，又或是来自你的妻子和孩子，请尊重他们的需要，不要总是一心多用、无处不在。

•

第 48 课　新东西与好东西

> 同时追两只兔子，两只都会跑掉。
> ——无名氏

你还记得《飞屋环游记》①里面那只名叫"道格"的狗吗？如果你记得它的名字，那你肯定也记得道格和影片里其他的狗一样，都有这样一个习惯：看见松鼠就追。

我的"松鼠"是任何新鲜的东西，包括新的图书、新的健身计划、新的营销策略，只要是新鲜的就行（我妻子不在此列，因为她对我来说永远都是新鲜的）。

但是我得承认，在职业成长和体育锻炼这两个方面，

---

① 美国的皮克斯动画工作室在 2009 年出品的动画电影。

"新鲜"这只松鼠常常会阻碍我的发展。"新的"仿佛总是比旧的更好，原因就在于它的"新"！这导致它看上去更好，闻上去更好，用起来似乎也更好。尤其是当我把前一套方法认真地实践了一段时间，开始感到单调和无聊的时候，新的事物就会对我有着格外的吸引力。

其实很多的时候，新的并不是更好的。就算它是更好的，它也不该成为我们最看重的。我们需要看重的，不是事物是不是更好，而是它是否能够持久。好好想想这一点吧。如果你看重的不是持久，而是更好，那么就算你有一个新的、更好的想法，你又能坚持它多久，而不让下一个"更新、更好的想法"取代它呢？到时候，你会感觉自己像是上了高速公路、却又不被允许提速一样。

每次遇到一个看上去又新又好的营销策略，你就会丢掉旧的那个吗？每次遇到一套又新又好的健身计划，你会放弃之前的那套吗？你家里会不会有一大堆没看完的书，因为你总会发现其他的新书、好书？我想鼓励你持久一点。特别是在营销工作上，别轻易放弃已有的计划，要给它时间，尽量多得到一些反馈，然后再根据你的评估去决定是否真的需要换新方案。一套方案如果无用、无聊、无效果，你当然可以换掉它，但是，为换而换肯定是不可取的。

影响力的产生不是一次性的,它需要一个过程。因此,它需要持续性和方向性,任何一个深厚的团队文化或企业文化都是这样创立起来。

第 49 课　越听越聪明

> 你能用来送人的最棒的一个礼物，就是你的注意力。
>
> ——吉姆·罗恩

"你没在听我说！"这是我上过的最糟、却也是最有价值的一堂营销课。当时我正在打电话，一位客户在电话那一头对我吼出了刚才那句评语。他说的一点也没错，我当时确实没在听他说话。我脑子里一直想着该问他一些什么问题，该怎样向他显示"我能和他想到一块去"，因此反而没有留心听他的话。于是，这通电话变成了我接受再教育的过程。很讽刺吧？我太担心会遗漏重要的细节，结果真的遗漏了最重要的细节，那就是：专心去听对方的意思。

据说，学会"听"能让人变得更聪明。"听"能影响人的智商吗？这不大可能。不过话说回来，在人际沟通里，什么人算是高智商？不就是那些听得懂、并知道该问什么的人吗？想在这方面"聪明"起来，可以看看阿兰·皮斯的一部短小精悍的著作——《问题就是答案》。①好的问题可以引导出好的答案，并继续引出更聪明、更深刻、更有用的问题来。比起被动的聆听，你可以在问了问题之后进行主动的聆听。听到他们的回答后，你可以根据这些回答，抛出你的下一个问题。你希望多了解一个人吗？去问问题，然后认真听；然后再问问题，再认真听。告诉你一个秘密：发现你是如此专注于聆听的人，大多数人都会非常乐意给你不断地提供"对话材料"，期待把这样的交流一直进行下去，而且他们还会觉得你是一个很棒的交谈对象，比那些只会听、不会问的人有魅力多了。

吉姆·罗恩说过："你能用来送人的一个最棒的礼物，就是你的注意力。"当你把自己全部的注意力送给一个人，绝少有人会贬低这份礼物的价值。我妻

---

① 有兴趣的读者可以参阅：阿兰·皮斯著，《问题就是答案》，赖伟雄、黄邦福译，九州出版社，2009年。

子常说:"人们都喜欢尊重他们的人。"想想吧,你的妻子、孩子、朋友、同事、客户、团队,他们都会喜欢尊重他们的人。问题来了:他们会喜欢你吗?

第50课　先诊断，后开药

> 人们在乎的，不是你的知识多丰富，而是你有多在乎他们。
>
> ——西奥多·罗斯福①

最近我总是听到人们在抱怨说，销售员们一露面就说个没完。这可真不是什么好印象。还没弄清客户的问题是什么，就急着给出解决方案，这不是销售，而是演讲。不过，好消息是，如果你不是这种风格的销售员，你面临的竞争就变小了，你的工作也会更轻松，因为你已经在竞争中占据了优势。其实，这一点在销售以外的行业

---

① 美国第26任总统，1906年获得诺贝尔和平奖。

里也是需要注意的。如果你的工作里包含任何"沟通与劝说"的成分，你就要学会一件事：问问题。

问问题能帮助你取得事业的成功，也能帮助到那些来咨询你意见的人。建议你这样挑战一下自己：下次和对方讨论或开会时，试一试让对方说话的时间两倍于你。某些性格的人可能很难做到这个，但只要认真努力，你会领悟到其中的诀窍：让对方开口说话的最好方式，就是不断地向他/她提出好的问题。

问问题还能帮你掌控局面。想想吧，常规情形是：人们问问题，你来回答；人们再问，你再回答。然后一直如此，循环往复。这个时候，怎么样能把对话的主动权夺回来呢？很简单，就是用一个问题去回答对方的问题。对方问了问题，你回答，然后顺势问对方一个问题。这样，交流的方向就回到你的掌控之下了。

学会问问题。它能让你看上去更聪明，能让你显得很专业。它能向对方显示，你对他们是有兴趣的，还能引导你们之间交流的方向，从而产生有意义的讨论。问问题需要有耐心，它也依赖好奇心。最重要的是，它能让对方明白：你很在乎他/她。

问题往往就是解决事情的答案。

第 51 课　做生意与经营生意

只有使他人富有，自己才会富有。

——安德鲁·卡内基[①]

如果你读过迈克尔·格伯的那本畅销书《创业必经的那些事》，你可能会记得书里提出的一个重要的问题："你是在做你的生意，还是在经营你的生意？"[②] 现实中，大多数商家都只顾闷头做生意，忘了去经营他们的生意，比如统筹、规划、培训、招募、改善体制……这些事情常常被忽略。

---

① 美国实业家，人称"钢铁大王"。
② 有兴趣的读者见：迈克尔·格伯著，《创业必经的那些事》，王甜甜译，中信出版社，2010 年。

今天谈这个是为了说明：同样的原则也适用于我们的人际关系上。朋友关系、客户关系、亲子关系，甚至婚姻关系，都常常可能沦为机械式的"一起活着"的状态——白天各自上班，回家一起看电视，你有问我有答，家里有开销一起支付，晚上该睡觉睡觉……这些本身不是错，我只是建议，比起只是机械地维持着关系，我们应该进一步去经营它。

在客户关系上，我们可以主动经营，增加客户的满意度和忠诚度，使之变得更牢固。你可以想一些办法，让客户在无需购买什么的情况下得到更好的服务。比如说主办一些客户回馈活动，或发送一些他们喜欢的、对他们有用的文章，或者直接请他们吃饭，又或者引荐他们去认识他们想要认识的人。

在婚姻关系和亲子关系上，你可以多制造一些约会。出去和配偶一起共进晚餐，或者带孩子去看电影。你也可以和他们一起参加读书会，一起学习视频材料，一起去教会，一起去爬山，或者一起参与其他的活动。设计一个"每周全家时光"怎么样？就是每周留一个晚上，让家庭成员（不论大人小孩）轮流决定大家一起去做的事。任何能让你们一起欢笑、增进交流和连结的事情，都会或多或少地使你们的关系变得更好。

我读到的一些文章里说，父亲只要每天和孩子稳定地交流五分钟，就能对孩子的成长大有裨益。我不知道这个说法的效果是不是真的那么大，但我相信它肯定是有效的。柯维给我们讲过"大石头"的故事（见第24课），他劝我们挑出"大石头"，先把它放进罐子里。所以，让我们认定自己生活中那些重要的关系，先去把它们经营好。我已经开始着手了。

第52课　正确的用词

每一个人都会死，但不是每一个人都活得像样。要想明天活得更好，就要在今天少说几句"但是"。

——莱斯·布朗[①]

1982年，我参加了费城马拉松赛。参赛的原因很多，其中两个很关键，但听上去都有一点骄傲。第一个原因是，我团队里的同事们没有人曾经跑完过马拉松，鉴于我在团队里一向以不擅长跑步而著称，参加完这次的赛事，我将会有一些可以炫耀的资本。更重要的是第二个原因：我父亲跑完的马拉松赛超过了六十次，作为他的

---

① 美国励志作家，演讲家。

儿子，我好歹也得跑完一次吧？其实我这辈子就参加了那么一次马拉松赛，而且是29年前的事情了。第一次参加就成功跑完全程，这很大程度上要归功于我使用了正确的用词。

关键在这儿：当我准备参赛时，我没有想"如果我能跑完，我就……"，我想的是"当我跑完以后，我就……"。我当时的计划不是"试试看"，而是"跑完它"。其实，那时的我完全不懂这些用词有什么分别，当时我脑子里也没有想到尤达大师的那句名言："这世界上只有'做'与'不做'，没有'试一试'这回事。"[①] 约翰·马克斯韦尔说过："输家关注的是自己会遇到的事，赢家关注的是自己要做到的事。"我相信他不是在说人的问题，而是在说态度的问题。我跑马拉松之前就知道，如果我不想以后一遍一遍地尝试，而是希望第一次就跑完全程，那我就需要专注于自己要做到的事。这完全是正确的用词给我带来的成功经验。通过说"当我跑完以后"，我避免了自己以后再去"试一试"。一次搞定！

语言表达着事实。"当我做完"表达的是决心、坚毅和自信；"如果"或"试试"表达的是缺乏决心、认

---

① 尤达大师（Yoda）是美国科幻电影《星球大战：帝国反击战》中的一个角色。该电影于20世纪80年代初上映，火爆一时，正是作者参加马拉松赛的时间。

真和毅力。它们会悄悄给你留下一条后路，给你预留一套后备方案。但是，如果第一套方案是你真心想要的，后备方案就是多余的。

你应该用"我可以"来代替"我将会"。"试一试"是在考虑，"我去做"才是执行。所以，尽可能地把你的"如果"和"试试"，都换成"我去做"和"等我做完"。那个时候，人生会照此给你巨大的回报。

图书在版编目（CIP）数据

停摆60秒：重启人生的实用智慧/（美）格林
（Greene，M.）著；金宗墨译. -- 北京：中国商业出版
社，2015.10
　　书名原文：60 Second Time Out
　　ISBN 978-7-5044-9154-1

　　Ⅰ.①停… Ⅱ.①格…②金… Ⅲ.①人生哲学－通俗读物 Ⅳ.① B821-49

中国版本图书馆 CIP 数据核字（2015）第 245486 号

著作权合同登记号 图字：01-2015-7036

Originally published in the U.S.A. under the title "60 Second Time Out"
Copyright© 2013 by Mike Greene
Published by Integrity Works Coaching
14 Downing Street
Carlisle, PA 17013

责任编辑：孙锦萍

中国商业出版社出版发行
010-63180647　www.c-cbook.com
（100053 北京广安门内报国寺 1 号）
新华书店总店北京发行所经销
环球印刷（北京）有限公司印制

880×1230 毫米　32 开　6 印张　92 千字
2015 年 11 月第 1 版　2015 年 11 月第 1 次印刷
定价：32.00 元
★ ★ ★ ★ ★
（如有印装质量问题可更换）